普速区段主要行车岗位人员技能培训手册

助理值班员

成都铁路局职工教育处　编

中国铁道出版社

2011年·北京

图书在版编目（CIP）数据

助理值班员/成都铁路局职工教育处编．—北京：中国铁道出版社，2011.4

（普速区段主要行车岗位人员技能培训手册）

ISBN 978-7-113-12658-2

Ⅰ.①助… Ⅱ.①成… Ⅲ.①铁路车站－行车组织－技术培训－教材 Ⅳ.①U292.2

中国版本图书馆 CIP 数据核字（2011）第038160号

书　　名： 普速区段主要行车岗位人员技能培训手册
助 理 值 班 员

作　　者： 成都铁路局职工教育处　编

责任编辑： 聂宏伟

封面设计： 崔　欣

责任校对： 胡明锋

责任印制： 陆　宁

出版发行： 中国铁道出版社（100054，北京市宣武区右安门西街8号）

印　　刷： 三河市华业印装厂

版　　次： 2011年4月第1版
2011年4月第1次印刷

开　　本： 787×1092　1/64　印张：2.875　字数：51千

书　　号： ISBN 978-7-113-12658-2

定　　价： 15.00元

前言

为加强主要行车岗位人员技能培训，不断提高职工岗位作业水平，适应铁路快速发展及运输安全新要求，成都铁路局职工教育处会同各业务处和相关单位，按照“必知、必会、必干”的原则组织编写了《普速区段主要行车岗位人员技能培训手册》。

本套培训手册分两批组织编写，本次为第二批，共分助理值班员、运转车长、调车区长、调车长（含驼峰）、制动员、连结员、货运员、客车检车员、车电员、发电车乘务员、客车车辆钳工、客车制动钳工、货车检车员、货车车辆钳工、货车制动钳工、红外线值班员、指导司机、机车调度员、内燃机车司机、电力机车司机、电力机车钳工、电力机车电工、驼峰信号工、车辆减速器信号工、车载设备信号工、电子电气信号工、机电信号工等 27 个分册，分别由胡剑、程丽亚、廖旭麟、朱静伟、钟代洪、徐安明、陈刚、王伟、卢和平、段周龄、余德林、李杰、王静玲、杨闻、范红州、胡勇、涂波、张冀周、孙刚、曾欣、童贵银、陶洪、王俊祥、周泽洪、聂建飞、石龙、徐大波、张家林、王刚、石登华、康树宏、解书全、江钟、孔勇、蒋志勇、薛洲、高明、苟江涛、王忠、张其荣、肖勇、蒋忠明、吴光能、徐远忠、罗永文、张君、刘建、张伯平、曾小勇、谭小林、谭永德等同志编审，在此深表谢意！

本套培训手册适用于相关岗位人员技术业务培训及车间、班组业务学习和职工自学，也可供专业学历教育参考。需要特别说明的是，本套培训手册仅作为职工培训学习使用，不能替代岗位作业指导书。由于编写时间仓促，不足之处在所难免，敬请广大干部职工提出宝贵意见，以便进一步修改完善。

成都铁路局职工教育处

二〇一一年一月

目　　录

第一部分　基础知识

第二部分　作业程序及标准

第三部分 常见故障及应急处理

第一部分

基础知识

一、行车闭塞

1. 自动闭塞

使用自动闭塞法行车时，列车进入闭塞分区的行车凭证为出站或通过信号机的黄色灯光、绿黄色灯光或绿色灯光。特快旅客列车由车站通过时，为出站信号机的绿黄色灯光或绿色灯光，遇站间未设通过信号机时，发出列车的行车凭证由铁路局规定。

自动闭塞区段的车站，办理发车前应向接车站预告；单线自动闭塞区段的车站，还须得到列车调度员的同意。已向接车站预告，但列车不能出发时，发车站须通知接车站取消预告。

2. 自动站间闭塞

使用自动站间闭塞法行车时，列车凭出站信号显示的进行信号进入区间。

自动站间闭塞须与集中联锁设备结合使用，采用轨道检查装置自动检查区间空闲，发车站办理发车进路后即自动构成站间闭塞。列车到达接车站或返回发车站并出清区间后，自动解除闭塞。

发车站在办理发车进路前，须确认区间空闲、接车站未办理同一区间的发车进路，并向接车站预告。

发车站已向接车站预告，但列车不能出发时，在取消发车进路后，须通知接车站。

3. 半自动闭塞

使用半自动闭塞法行车时，列车凭出站信号机或线路所通过信号机显示的进行信号进入区间。

开放出站信号机或通过信号机前，双线区段必须得到前次列车到达前方站的到达信号；单线区段必须得到接车站的同意闭塞信号。

发车站办理闭塞手续后，列车不能出发时，应将事由通知接车站，取消闭塞。

半自动闭塞区段，遇超长列车头部越过出站信号机而未压上出站方面的轨道电路发车时，行车凭证为出站信号机显示的进行信号，并发给司机调度命令。

4. 电话闭塞

当基本闭塞设备不能使用时，应根据列车调度员的命令采用电话闭塞法行车。遇列车调度电话不通时，闭塞法的变更或恢复，应由该区间两端站的车站值班员确认区间空闲后，直接以电话记录办理。列车调度电话恢复正常时，两端站车站值班员应及时向列车调度员报告。

遇下列情况，应停止使用基本闭塞法，改用电话闭塞法行车：

（1）基本闭塞设备发生故障（包括自动闭塞区间内两架及以上通过信号机故障或灯光熄灭）时；

（2）发出挂有由区间返回后部补机的列车时，或自动闭塞区间发出由区间返回的列车时；

（3）无双向闭塞设备的双线区间反方向发车或改按单线行车时；

（4）半自动闭塞区间，发出须由区间返回的列车，由未设出站信号机的线路上发车，或超长列车头部越过出站信号机并压上出站方面轨道电路发车时；

（5）在夜间或遇降雾、暴风雨雪，为消除线路故障或执行特殊任务，开行轻型车辆时。

使用电话闭塞法行车时，列车占用区间的行车凭证为路票。当挂有由区间返回的后部补机时，另发给补机司机路票副页。

单线或双线反方向发车（正方向首列发车）时，根据《行车日志》查明区间已空闲，并取得接车站承认，在发车进路准备妥当后，方可填发路票。双线正方向发车时，根据收到的前次发出的列车到达的电话记录，在发车进路准备妥当后，即可填发路票。

办理电话闭塞时，下列各项应发出电话记录号码，并记入《行车日志》：

（1）承认闭塞；

（2）列车到达，补机返回；

（3）取消闭塞；

（4）单线或双线反方向越出站界

调车。

中间站本站发出的电话记录号码，按上、下行分别从每日零时由1号起顺序编号，一日一轮换；编组（区段）站本站发出的电话记录号码，可以不分区间、上下行从每日零时由1号起顺序编号，一日一轮换。

二、接发列车工作

（一）接发列车人员迎送列车立岗位置及出务、离去时机的规定

1. 迎送列车立岗位置的规定

（1）扳道员在扳道房前《车站行车工作细则》（以下简称《站细》）规定的位置。

（2）车站值班员（助理）在工作室外站台上画定的白色方框内（发车

及接车线与站台白色方框间的线路停有列车时除外）。

白色方框与工作室连线垂直于线路，系边长为1 m的正方形，一边距站台边缘不少于2 m。

白色方框由车站用油漆画定或白瓷砖砌定。

（3）列车交会时，接发列车人员立岗位置在《站细》中规定。

2. 出务及离去时机的规定

（1）扳道员：接车时，列车接近时出务，列车全部进入接车线警冲标后离去；发车时，准备好进路后出务，于列车尾部越过最外方道岔后离去。

（2）车站值班员（助理值班员）：接车时，列车接近车站时出务，停车列车全部进入接车线警冲标内方停妥后离去；发车（通过）时，在列车尾部越过立岗地点后离开。

（二）列车整列到达（通过）的确认

1. 通过列车：

（1）列车在车站通过时，司机应使用查询按钮确认列车完整、主管贯通及尾部反馈风压正常（尾部有风压反馈并与机车风表相符）。

（2）车站接车人员应确认有列车尾部标志（尾部主机存在）。

2. 到达列车：

（1）进站减速制动前，司机先使用查询按钮，确认尾部反馈风压与机车风表一致后减压制动，以再次自动收到尾部反馈风压并与机车风表一致来确认列车完整到达（尾部风压与机车风表的一致性和跟随性）。

（2）未设区间占用表示的，车站

值班员应确认接近区段无占用表示。接近区段显示占用时，应现场确认尾部主机存在。

(3) 设有区间占用表示器的，车站值班员根据表示器确认区间空闲。表示器表示区间占用时，须现场确认尾部主机存在。

（三）接发列车作业

1. 无论停车时间长短，发车前发车人员均必须到列车中部适当位置进行“简略试风”，并根据便携台中监听到的语音信号和车辆缓解状态，确认全列主管贯通。

2. 试风完毕，发车条件具备，即可按规定发车。

3. 司机、车站接车人员发现异常应立即通知对方并停车处理；来不及停车时通知前方站停车处理。并将情况报告列车调度员。未查明区间空闲，不得开通区间。

4. 无列尾装置的小运转列车，确保行车安全的规定（不包括全区段推挽运行的列车）。

（1）编组无列尾装置的列车，调车组应保证全列车钩连结良好。无列检作业时，软管连结和折角塞门的开启由调车组人员负责。

（2）车站发车人员须在最后一辆车后端提钩杆上捆绑一面展开的红色信号旗，作为列车尾部标志。

（3）列车发车前，车站发车人员必须在列车尾部进行自动制动机简略试验，确认全列通风，方可发车。司机按规定认真进行自动制动机简略试验。车站发车人员发车前，还应向车站值班员报告最后一辆车车号，发车站车站值班员于列车出发前向接车站通报最后一辆车车号。

（4）车站接车时，接车人员必须确认列车整列进入接车线警冲标内方停妥或整列通过并向车站值班员报告，方可开通区间（自动闭塞、自动站间闭塞区段设备正常时除外）。

（5）对无列尾装置的列车，原则上不应在区间，特别是区间坡道上停车。

（四）接发列车、列车运行中认真执行车机联控制度的规定

1. 执行车机联控时，应使用普通话，做到用用语准确、吐字清晰。

2. 联控用语中，城际列车 C××次称为：城××次；动车组 D××次称

为：动车××次；直达特快旅客列车Z××次称为：客车直××次；特快旅客列车T××次称为：客车特××次；快速旅客列车K××次称为：客车快××次；管内快速旅客列车N××次称为：客车内××次；普通旅客列车××次称为：客车××次；临时旅客列车L××次称为：客车临××次；旅游列车Y××称为：客车游××次；动车组检测列车DJ××次称为：动检××次；回送客车底O××次称为：零××次；行包列车×××次称为：行××次；货物列车称为：××次。

3. 所有配置无线电台的参控作业人员班中均应处于开机状态，严禁关机。

无论何时电台临时发生故障，都应直接或通过相邻车站及时向列车调度员报告，道口、看守点电台故障后由车站值班员转告相关列车司机。在呼叫对方3次不应答时，均按对方关机处理。

（五）各种发车方式

1. 有运转车长时发车办法

（1）出站（发车进路）信号开放后，车站值班员呼叫司机："××（次）×道出站（发车进路）信号好（了），（去××方向）。"

（2）司机听到车站值班员呼叫，确认占用区间凭证正确后回答："××（次）×道出站（发车进路）信号好（了），（去××方向），司机明白。"

（3）车站发车人员确认发车条件完全具备后，用列车无线调度通信设备通知运转车长，用语为："××（次）

车长、×道发车。”

(4) 运转车长听见车站呼叫后回答：“××（次）、×道发车，车长明白”，确认符合发车条件后，用列车无线调度通信设备通知司机：“××（次）司机、×道发车。”特运列车挂有列尾装置并派有运转车长时，由司机通过列尾装置查询列车尾部风压。

(5) 司机听到运转车长呼叫后回答：“××（次）、×道发车，司机明白”，确认发车条件具备，即可起动列车。

(6) 车站发车人员连续呼叫3次，运转车长无回答时，立即到运转车长处查明原因，及时处理并将情况报告列车调度员。如为运转车长列车无线调度通信设备故障，取得运转车长同意并向司机说明后，使用列车无线调度通信设备发车。

(7) 运转车长连续呼叫 3 遍，司机无回答时，通知车站发车人员到机车处查明情况，进行处理并向列车调度员汇报。仅为司机列车无线调度通信设备故障时，车站发车人员通知运转车长后，向司机显示发车手信号发车。

(8) 当车站发车人员列车无线调度通信设备故障时，在向司机和运转车长说明后，由运转车长使用列车无线调度通信设备发车。

2. 无运转车长时发车办法

(1) 使用列车无线调度通信设备发车前，发车人员、司机按《铁路技术管理规程》（以下简称《技规》）规定对列车自动制动机进行简略试验，确认全列主管贯通。无列尾装置或列尾装置故障的列车，发车人员必须到列车尾部进行简略试风，确认全列主管贯通。

（2）出站（发车进路）信号开放后，车站值班员呼叫司机："××（次）×道出站（发车进路）信号好（了），（去××方向）。"

（3）司机听到车站值班员呼叫，确认占用区间凭证正确后回答："××（次）×道出站（发车进路）信号好（了），（去××方向），司机明白。"

（4）车站发车人员确认发车条件完全具备后，用列车无线调度通信设备通知司机："××（次）司机、×道发车。"

（5）司机听到车站发车人员呼叫后回答："××（次）、×道发车，司机明白"，确认发车条件具备，确认发车条件具备，即可起动列车。

(6) 当车站发车人员连续呼叫3次，无司机回答时，发车人员应及时到司机处查明原因，并将情况报告列车调度员。如系通话故障，发车人员直接向司机显示发车手信号发车。

(7) 当车站发车人员列车无线调度通信设备故障时，在向司机说明后，车站发车人员向司机显示发车手信号发车。

(8) 成都北站、贵阳南站货物列车的发车办法按铁路局相关规定执行。

3. 使用列车无线调度通信设备发车时，发车人员必须到列车附近适当地点发车并监视列车运行。严禁在室内和不能瞭望列车的地点发车。

4. 通信记录装置故障时，准许成都铁路局《行车组织规则》（简称《行规》）209页所列表中的曲线地段车站发出旅客列车时，可利用列车无线调度通信设备得到运转车长同意后，直接向司机显示发车手信号发车。联系用语为：“××次车长，××站直接发车”；运转车长确认发车条件完全具备后应答：“××次车长同意××站直接发车。”

（六）接发列车时的规定

接发列车时，接发车人员应携带列车无线调度电话、持手信号旗（灯），站在规定地点接送列车，注意列车运行和货物装载状态，与运转车长互对信号。发现旅客列车尾部标志灯光熄灭时，通知运转车长（无运转车长为车辆乘务员）进行整理。在自动闭塞区段，通知不到时，应使列车停车整理。发现货物装载状态有异状时，及时处理；发现货物列车列尾装置丢失时，应报告列车调度员，使列车在前方站停车处理。

列车接近车站、进站和出站时，接发列车人员应及时向车站值班员报告列车进出站的情况（能从设备上确认者除外）。

列车到达、发出或通过后，车站值班员应立即向邻站及列车调度员报点，并记入《行车日志》（设有计算机报点系统的按有关规定办理）。遇有超长、超限列车、单机挂车和列尾装置灯光熄灭等情况，应通知邻站。

（七）接发列车应遵守的原则

1. 旅客列车、挂有超限货物车辆的列车，应接入固定线路；

2. 特快旅客列车应在正线通过，

其他通过列车原则上应在正线通过；

3. 原规定为通过的旅客列车由正线变更为到发线接车及特快旅客列车遇特殊情况必须变更基本进路时，须经列车调度员准许，并预告司机；如来不及预告时，应使列车在站外停车后，开放信号机，再接入站内。

（八）发车条件完全具备的内容

发车条件完全具备是指：

1. 已办妥该次列车占用区间的闭塞手续；

2. 发车进路准备妥当；

3. 影响进路的调车作业已停止；

4. 行车凭证及有关调度命令已交付；

5. 旅客上下、行包装卸、给水及补机摘挂和列检作业完毕（防护信号

已撤除);

6. 应进行自动制动机试验的列车，已试验良好。

(九) 站内无空闲线路接车

1. 在站内无空闲线路的特殊情况下，只准许接入为排除故障、事故救援、疏解车辆等所需要的救援列车、不挂车的单机、动车及重型轨道车。

2. 接车线内如停有有动力的机车、车辆时，接车前车站值班员应通知司机，禁止移动。

3. 列车在站外停车后，接车人员向司机说明接车线路、停留车位置及注意事项，登乘机车，以调车手信号将列车领入站内。列车应以不超过10 km/h的速度进站，并随时准备停车。

（十）相对方向同时接车及同方向同时发接列车的规定

1. 下列情况，禁止办理相对方向同时接车和同方向同时发接列车：

（1）进站信号机外制动距离内，进站方向为超过6‰的下坡道，而接车线末端无隔开设备；

（2）在接、发旅客列车的同时，接入列车运行监控记录装置发生故障的列车而接车线末端无隔开设备（单机、动车及重型轨道车除外）。

相对方向不能同时接车时，应先接后面有续行列车的列车、停车后起动困难的列车或不适于在站外停车的列车。

遇两列车不能同时接发时，原则上应先接后发。

车站应将不能办理相对方向同时接车和同方向同时发接列车的情况纳入《站细》。

2. 单线区段的车站遇下列情形之一时，禁止办理相对方向同时接车和同方向同时发接列车（《行规》补充规定）：

（1）无联锁或联锁失效情况下接发旅客列车时。

（2）接入推进运行或退行的列车，其接车线末端无隔开设备时。

3. 双线区段车站相对方向同时接车和同方向同时发接列车（《行规》的补充规定）：

（1）发出旅客列车的同时，接入推进（退行）运行的列车，接车线末端无隔开设备时，禁止同方向同时发接列车（不包括有双向闭塞设备的区间由上行到发线发出正方向运行的上行旅客列车时，下行到发线上反方向接入的列车；或由下行到发线发出正方向运行的下行旅客列车时，上行到发线上反方向接入的列车）。

（2）联锁失效时禁止同方向同时发接列车；在上、下行正线上渡线道岔未开通各该正线并用勾锁器锁闭时，禁止相对方向同时接车和车站一端同时发接上、下行列车。

4. 回送空客车底，不受旅客列车相对方向同时接车和同方向同时发接列车的限制。

（十一）接发旅客列车的规定

1. 旅客列车不准早于运行图规定的发车时刻发车，但旅客列车在不办理客运业务的车站，因调整运行时分不受早开的限制，并可办理通过。

2. 旅客列车（动车组除外）在有客运作业的车站（包括军用人员列车、专运列车），必须执行开车前 3 min 打铃制度，防止人员漏乘。停站时间未超过 3 min 的车站打铃时机由《站细》规定。

3. 有客运作业的列车，应接入有站台的线路。遇特殊情况客车不能接入固定线路停靠站台时，列车应尽量接入邻近站台的线路，并提前预留出方便旅客乘降的通道。

4. 接发旅客列车时，进路准备好后，须在进路始、终端按钮上加盖“安全帽”或“卡牌”（计算机联锁及新型 6502 控制台可不加“安全帽”）。

5. 旅客列车在站内停车后位于站台和接发列车线路之间时，靠近行车室的列车员应按接发车人员的要求，打开客车通过台两边门，供接发车人员通过。

（十二）引导接车的规定

1. 凡进站、接车进路信号机不能使用或在双线区段由反方向开来列车而无进站信号机时，应使用引导信号或派引导人员接车。

2. 引导接车前，车站值班员应亲自或通过有关人员再次确认接车线路空闲，进路上有关道岔位置正确并对进路上有关道岔及邻线上的防护道岔按规定进行加锁（能从设备上锁闭进路的，必须使用设备对进路进行锁闭，可以不采取其他加锁措施；不能从设备上进行锁闭的，必须采取现场人工加锁的方式进行。进路上的分动外锁闭道岔无论对向或顺向，均应对密贴尖轨、斥离尖轨和可动心轨加锁）。

3. 派引导人员接车前，引导人员在接到车站值班员引导接车的命令后，应立即前往规定地点显示引导手信号接车，列车以不超过 20 km/h 速度进站，并做好随时停车的准备。列车头部越过引导信号，即可关闭信号或收回引导手信号。

4. 列车交会时，接发车顺序一经确定，并已通知引导人员引导接车的不得再行变更。如遇不同时接车而特殊原因又导致变更接车顺序时，必须同时呼出两端引导人员布置变更计划，听取复诵，确认二人均已明白后，方可命令一端引导人员引导接车，并须在先接列车进入接车线警冲标内方停妥后方可命令另一端引导人员引导接车。

5. 按引导方法接入站内的列车，如在站内无停车的必要时，应办理通过。

（十三）交付和核对限速调度命令的规定

1. 限速调度命令，须在进入限速地点前发布（转达）、复诵完毕，如来不及，必须在进入限速地点前的车站停车转达调度命令。

2. 具备使用调度命令无线传输系统或提前在停车站交付调度命令条件的须传输（交付）书面调度命令。

3. 不具备使用调度命令无线传输系统或提前在停车站传输（交付）书面调度命令，需使用列车调度电话发布（转达）调度命令时，列车调度员除发给限速地点关系站（限速地点在区间内，关系站为区间的两端站；限速地点在车站站内或站内跨区间，关系站为限速地点车站和相邻车站）外，还应发给转达调度命令车站和进入限速地点前的第二个车站，转达调度命令车站应在列车进入限速地点前的第二个车站以前传达、复诵完毕。

4. 对限速的调度命令，列车进入限速地点前的第一个车站值班员逐列与司机核对限速内容。

5. 限速地点在车站站内，限速车站的车站值班员在列车进入车站前要与司机核对限速内容。

6. 使用列车调度电话发布、转达限速调度命令时，进入限速地点前的第二个车站须与司机核对限速内容。

7. 核对不一致时，司机应在进入限速地点前的车站停车并向车站值班员报告，车站值班员立即向列车调度员报告，列车调度员核实后，发布正确的限速调度命令。

（十四）列车交会时交递占用区间凭证注意事项

接发列车人员交递占用区间凭证前，应确认到达的列车已整列进入接车线警冲标内方；出发列车的进路已准备妥当后，方准交递。

（十五）需要进行列车自动制动机简略试验的情况

1. 客列检作业后，客运列车始发前；

2. 区段列检所对无调车作业的中转列车（根据区间线路及制动缸活塞行程变化的情况，需要全部试验时，由铁路局规定)；

3. 更换机车或更换乘务组时；

4. 无列检作业的始发列车发车前；

5. 列车软管有分离情况时；

6. 列车停留超过 20 min 时；

7. 列车摘挂补机，或第一机车的自动制动机损坏交由第二机车操纵时；

8. 机车改变司机室操纵时；

9. 单机附挂车辆时。

(十六) 军事运输工作的几点规定

铁路军事运输必须严格按有关军运规章、作业标准和上级指示办理，并遵守下列规定：

1. 对重点及其以上军事运输的分批挂运，必须经局军代处同意，特运调度员发布命令方可办理。

2. 军运车辆的始发、中转站，应

按特运调度员的命令及时挂运。

3. 对有快运要求的军事运输，应及时挂运。调度所和技术作业站应在军运车辆到达技术作业站后，6 h 内组织接续挂运。

4. 在利用列车无线调度通信设备及其他无线通话中，不得谈及军运、专运有关内容。

（十七）路票的管理、使用、交递办法

1. 路票的使用

（1）车站值班员不亲自填写路票的或无助理值班员的，路票交付司机前的核对办法在《站细》中规定。

遇特殊情况，车站常用路票用完又暂时无法补充或区间设立临时线路所时（事故救援除外），由车站值班员或填

写路票人员取出备用路票，填好区间和站名，并加盖站名印（临时线路所可不加盖站名印）。使用方法与常用路票相同。

(2) 接车站收到的路票，应进行确认，然后划“×”作废。按施工特定行车办法办理行车时，在列车到达邻站、区间开通后，车站对该次列车的路票划“×”作废。作废路票由车站保管一个月后自行销毁。

(3) 发出需由区间返回的列车时，除发给司机路票外，必须发给司机、运转车长区间停车地点、返回车次、时间及安全注意事项的调度命令，并在发给司机路票的最下边注上“区间折返”字样。

(4) 发出区间返回后部补机的车站，应另发给补机司机在右上角加盖

“副”字戳的路票，作为区间返回时的行车凭证。

（5）双线改单线时，使用常用路票，并在路票下方注上：“双线改单线，经上（下）行线运行”字样。双线反方向行车使用路票时，应在路票下方加盖“反方向行车”章；两线、多线区间使用路票时，应在路票下方加盖“××线行车”章。

（6）使用路票出站调车后发车时，应在路票最下面写上“出站调车后发车”字样。出站调车后变更计划，不再发车时，应立即将原路票收回，划“×”作废，办理取消闭塞手续。再发车时，必须重新办理闭塞，重新填写路票。严禁保留、使用原路票。

出站调车后不立即发车的，以及基本闭塞设备正常的车站，禁止使用路票出站调车。

(7) 路票上的车次（包括车次的附加符号）不准涂改，填写错误（或变更车次）应划“×”作废，重新填写。

(8) 中间站本站发出的电话记录号码，按上、下行分别从每日零时由1号起顺序编号，一日一轮换；编组（区段）站本站发出的电话记录号码，可以不分区间、上下行从每日零时由1号起顺序编号，一日一轮换。

2. 路票的交递

路票交递应停车交递（按施工特定行车办法时除外）。

(十八) 列车运行有关人员显示及收回手信号时机的规定

1. 向列车显示通过、引导、停车、

减速手信号，显示人应位于规定地点，于列车接近显示人 800 m 或显示人看见列车头部时显示。通过、引导、减速手信号待列车头部越过显示地点后收回，停车手信号待列车停妥后收回。

2. 发车指示信号，于确认运转车长已显示发车信号后收回。

3. 发车信号，于司机鸣笛后收回。

三、列车运行

（一）列车在站内临时停车

1. 如司机自行停车时，待停车原因消除后，可自行起动，不需运转车长通知发车。

2. 运转车长等其他乘务人员使用紧急制动阀或显示停车手信号使列车停车时，应根据运转车长（无运转车长为车辆乘务员）的通知起动列车。

3. 车站接发车人员显示停车信号使列车停车时，应由接发车人员按规定发车或以调车方式将列车领入站内。

4. 其他原因的临时停车，车站值班员应会同司机、运转车长、车辆乘务员等查明停车原因，在列车具备运行条件后，由车站按规定发车或接入站内。

5. 出发列车越过出站信号机临时停车，待停车原因消除后，可不退回原发车线，按以上规定发车。遇特殊情况必须退回时，司机或运转车长必须取得车站值班员同意。退回后再发车时，如出站信号已关闭，能开放出站信号机时，可重新开放出站信号发车；不能重新开放出站信号时，车站值班员应取消原闭塞后，重新办理闭塞。如临时停车后，列车头部已进入区间时，按列车由区间退回办法办理。

6. 列车未全部进（或出）站，停车后不能运行请求救援，担任救援的机车不进入区间即能将列车全部拉进（或拉回）站内的，不封锁区间。但将列车拉回原发站的，在半自动闭塞区间，车站值班员须报告列车调度员，取得调度命令后，按规定使用闭塞机故障按钮使闭塞机复原。

（二）列车在区间内被迫停车

1. 车站值班员接到司机通知后，应将区间内列车运行情况通知司机，并立即使用列车无线调度通信设备转告区间内有关列车。在停车原因消除前不得再放行追踪、续行列车。

2. 车站值班员接到列车被迫停车可能妨碍邻线的通知后，在原因消除前不得向邻线放行列车。

（三）列车退行

1. 下列情况列车不准退行

（1）按自动闭塞法运行时（列车调度员或后方站车站值班员确知区间内无列车，并准许时除外）。

（2）在降雾、暴风雨雪及其他不良条件下，难以辨认信号时。

（3）电话中断后发出的列车（持有《技规》附件3通知书1的列车除外）。

（4）列车尾部尚未越过发车站最外方预告标或预告信号机时，在未得到该站值班员同意之前。

（5）挂有区间返回的补机，在补机摘解后而未得到补机已回站的通知之前。

（6）无运转车长值乘的列车原则

上禁止退行（特殊情况下已指派胜任人员并携带列车无线调度通信设备、简易紧急制动阀担任时除外）。

2. 列车退行办法

（1）列车在区间内被迫停车需后退闯坡时，由司机掌握后退距离和前进闯坡的时机。有运转车长在尾部值乘的列车，运转车长应负责瞭望，发现危及行车、人身安全时，及时采取停车措施。

未得到后方站车站值班员的准许，不得退行到车站预告信号机内方。

（2）列车需退回原发站时，司机应报告车站值班员，在得到准许后，方可按进站信号机的进行信号或引导接车人员显示的引导接车手信号进站；如未得到后方站车站值班员的准许，只能退到车站最外方预告标或预告信号机外方

(禁止跟踪调车的车站，可退至进站信号机外方)。

(3) 挂有后部补机的列车必须退行时，机车乘务组应相互联系，变换重联塞门位置，进行制动试验，由后部补机担当牵引工作。其退行办法按《行规》规定办理。

(4) 不准退行的列车，在运行中遇有山洪暴发、泥石流或其他突然灾害被迫停车，如不立即退行撤离现场将严重危及列车安全时，准按下列办法退行：

司机遇到上述情况被迫停车，应立即鸣示警报信号（一长三短声）和退行信号（二长声），即以不超过15 km/h的速度退行。退行中须连续鸣示警报信号，待退至安全地段停车后，迅速与运转车长联系。运转车长听到退行信号后，夜间或昼间按夜间信号办理时，应先检查侧灯，使其保持明亮。待停车后，立即按《技规》第294条规定进行防护，并向列车调度员或向两端站车站值班员报告，听候处理。

四、列车编组

（一）禁止编入列车的机车车辆

1. 插有扣修、倒装色票的及车体倾斜超过规定限度的；

2. 曾经发生冲突、脱轨或曾编入发生特别重大、重大、大事故列车内以及在自然灾害中损坏，未经检查确认可以运行的；

3. 装载货物超出机车车辆限界，无挂运命令的；

4. 装载跨装货物（跨及两平车的汽车除外）的平车，无跨装特殊装置的；

5. 平车、砂石车及敞车装载货物违反装载和加固技术条件的；

6. 未关闭侧开门、底开门的，底开门的扣铁未全部扣上的，以及平车未关闭端、侧板的（有特殊规定者除外）；

7. 由于装载的货物需停止自动制动机的作用，而未停止的；

8. 厂矿企业自备机车、车辆、自轮运转特种设备过轨时，未经铁路机车车辆人员检查确认的；

9. 缺少车门的（检修回送车除外）。

（二）关门车编入列车的规定

关门车是指货物列车中因装载的货物规定需停止制动作用，自动制动机临时发生故障，准许关闭截断塞门的车辆。

但主要列检所所在站编组始发的列车中，不得有制动故障关门车。编入列车的关门车数不超过现车总辆数的6%（尾数不足一辆按四舍五入计算）时，可不计算每百吨列车重量的换算闸瓦压力，不填发制动效能证明书；超过6%时，按《技规》第201条规定计算闸瓦压力，并填发制动效能证明书交与司机。关门车不得挂于机车后部三辆车之内；在列车中连续连挂不得超过两辆；列车最后一辆不得为关门车；列车最后第二、三辆不得连续关门。对于不适于连挂在列车中部但走行部良好的车辆，经列车调度员准许，可挂于列车尾部，以一辆为限，如该车辆的自动制动机不起作用时，须由车辆人员采取安全措施，保证不致脱钩。

旅客列车不准编挂关门车。在运行途中如遇自动制动机临时故障，在停车时间内不能修复时，准许关闭一辆，但列车最后一辆不得为关门车。

（三）单机挂车的规定

单机挂车的辆数，线路坡度不超过12‰的区段，以 10 辆为限；超过 12‰的区段以 5 辆为限（DF_5、DF_7 型机车按 70% 计算）。在限制区段总重不得超过该区段的牵引定数。

单机挂车时，应遵守下列规定：

1. 所挂车辆的自动制动机作用必须良好，发车前列检（无列检时由车站发车人员）按规定进行制动试验；

2. 连挂前由车站彻底检查货物装载状态，并将编组顺序表和货运单据交与司机；

3. 在区间被迫停车后的防护工作由机车乘务组负责，开车前应确认附挂辆数和通风状态是否良好；

4. 列车调度员应严格掌握，不得影响机车固定交路和乘务员劳动时间；

5. 不准挂装载爆炸品、超限货物的车辆。

单机挂车时，可不挂列尾装置。

（四）编组列车的其他规定

1. 列车最后一辆车禁止编挂下列车辆：

（1）“关门车”；

（2）中间站作业车（全列在该站终到及编组计划禁挂终到站及其以远车流的摘挂列车除外）；

(3)（基本型号规定的）客车（列尾主机摘挂方式采用提杆的除外）；

(4) 端板不能牢固竖起的平车（列尾主机摘挂方式采用提杆的除外）；

(5) C_{70}、P_{70} 等车钩型号为 16 号、17 号的车辆（列尾主机摘挂方式采用提杆的除外）。

2. 对有押运人的车辆，押运人原则上应随车押运。不能随车押运而列车中又无适合押运人乘坐的车辆时，必须编挂可供押运人乘坐的车辆。否则，禁止挂运。

3. 不适合挂于列车中部但走行部良好的自动制动机故障的车辆及到中间站作业的机车，经列车调度员书面命令准许，可挂于安装尾部主机的车辆的后部，不接风管，但不得超过一台（辆）。故障车辆必须由车辆人员采取措施，保证运行中不致脱钩。是否派人护送由车辆部门决定，并在调度命令中下达。其他机车车辆禁止附挂于安装尾部主机的车辆后部。

4. 安装尾部主机的车辆后部连挂机车车辆时，调车人员（无调车人员为司机）必须调整好钩位，注意连挂，防止撞击尾部主机。

五、调车作业

（一）调车作业的基本规定

1. 调车作业时，调车人员必须正确及时地显示信号；机车乘务人员要认真确认信号，并回示。

2. 推进车辆连挂时，要显示十、五、三车的距离信号，没有显示十、五、三车的距离信号，不准挂车，没有司机回示，应立即显示停车信号。

3. 推送车辆时，要先试拉。车列前部应有人瞭望，及时显示信号。

4. 当调车指挥人确认停留车位置有困难时，应派人显示停留车位置信号。

5. 调车人员不足 2 人，不准进行调车作业。

6. 向货场送车，禁止溜放作业，具体作业办法见本站《站细》。

（二）调车作业的准备工作

1. 提前排风、摘管，核对计划，确认进路，检查线路、道岔、停留车及车辆防溜等情况；

2. 人力制动机的选闸、试闸，系好安全带；

3. 准备足够的良好铁鞋；

4. 无线调车灯显设备试验良好。

（三）调车计划的传达和变更

1. 调车计划的传达

中间站利用本务机车调车，应使用附有示意图的调车作业通知单。

调车指挥人应根据调车作业计划制定具体作业方法，连同注意事项，亲自向司机交递和传达；对其他有关人员，应亲自进行传达。具体传达办法，在《站细》内规定。

调车指挥人确认有关人员均已了解调车作业计划后，方可开始作业。

2. 调车计划的变更

中间站利用本务机车调车禁止口头变更计划。作业中需变更计划，必须重新编制计划，并停轮向所有作业人员传达清楚，方可继续作业（具体办法见本站《站细》）。

（四）调车作业中要道还道的规定

1. 执行要道还道制度的基本规定

（1）单机或牵引运行时，由司机负责要道；推进车辆运行时，由调车人员负责要道。

（2）使用无线调车设备的车站，除司机外，应使用无线调车设备按规定的用语，以通话方式要道和还道。

2. 非集中联锁区调车作业要道还道的规定

（1）非集中联锁区调车作业时（含由集中区向非集中区运行时），必须执行“进要进路、出要出路”的钩钩要道还道制度（驼峰作业和连续溜放除外）。

（2）调车机车或调车车列经过无人值守的非集中操纵道岔时，有关人员必须确认该进路开通正确后，方准越过。运行中确认有困难时，必须在道岔前停车确认。

3. 集中联锁区（含集中联锁的中间站）调车作业要道还道制度的规定

（1）遇特殊情况，不能出清调车信号机所防护的轨道区段，在关闭调车信号机的情况下原路返回时，由调车指挥人报告车站值班员，必须取得准许并确认进路正确后，方可向司机显示起动信号，运行到次一调车信号机前，按其显示进行。

（2）当调车信号机故障不能开放时（道岔还能集中操纵，单独锁闭），车站值班员准备好进路，并将进路上有关道岔单独锁闭后通知调车指挥人，可以越过一架或数架关闭的调车信号机作业，但每次运行前，必须由车站值班员指定本次运行的停车位置；调车指挥人应亲自确认进路正确后，方可显示起动信号并指挥机车严格按指定位置停车。调车指挥人与车站值班员应加强联系，认真确认，严防臆测行事。

（3）集中联锁区停电或设备停用，道岔转为现地人工操纵时，调车作业中要道还道必须严格按非集中区“要道还道”办法办理。

（五）调车作业速度及安全距离

1. 在空线上牵引运行时，不准超过 40 km/h；推进运行时，不准超过 30 km/h。

2. 调动乘坐旅客或装载爆炸品、压缩气体、液化气体、超限货物的车辆时，不准超过 15 km/h。

3. 接近被连挂的车辆时，不准超

过 5 km/h。

4. 推上驼峰解散车辆时的速度和装有加、减速顶的线路上的调车速度，在《站细》内规定。经过道岔侧向运行的速度，由工务部门根据道岔具体条件规定，并纳入《站细》。

5. 在尽头线上调车时，距线路终端应有 10 m 的安全距离；遇特殊情况，必须近于 10 m 时，要严格控制速度。

6. 电力机车在有接触网终点的线路上调车时，应控制速度，机车距接触网终点标应有 10 m 的安全距离。

7. 天气不良等非正常情况，应适当降低速度。

（六）防止车辆溜逸的规定

1. 中间站停留车辆，无论停留的线路是否有坡道，均应连挂在一起，拧紧两端车辆的人力制动机，并以铁鞋（止轮器、防溜枕木等）牢靠固定。因装卸车、对货位等情况不能连挂在一起时，应分组作好防溜措施。一批调车作业中临时停留的车辆，须拧紧两端车辆的人力制动机或以铁鞋（止轮器）止轮。

2. 中间站列车甩挂作业前，应确认车列处于制动保压状态，并对遗留车辆采取防溜措施后，方可进行；调车作业中对临时（一批作业计划内）停留车辆必须拧紧车组两端人力制动机或以铁鞋（止轮器）牢靠固定。

3. 在坡度超过 2.5‰线路上进行调车作业时，中间站应连结全部软管。

4. 按规定须采取防溜措施的调车作业（溜放作业除外），摘车时必须停妥，采取好防溜措施后，方可摘开车钩；挂车时，连挂妥当后方可撤除防溜措施。

5. 其他作业方法见本站《站细》。

（七）变更、取消调车进路的规定

1. 集中联锁区，调车信号开放后，不得随意关闭，取消（变更）调车进路。信号开放后，须取消（变更）调车进路时，车站值班员应先通知调车指挥人，确认未动车后，再关闭调车信号机，取消（变更）调车进路。

未设调车信号机也未设局控设备的集中联锁区，进路准备好并通知调车长和司机后，在未通知调车长并确认未动车前，禁止取消（变更）进路。

2. 非集中联锁及设有局控设备的集中联锁区，扳道员已显示道岔开通信号后，在未向调车机车显示停车信号并确认其停妥之前，不得变更调车进路。

（八）调车作业中执行试拉的规定

调车作业中下列情况须进行试拉，确认全列挂妥后方可进行：

1. 连续连挂时，车组间的距离在10车及其以上时，须试拉或顿钩；

2. 编组列车，在编组（发）线上直接始发的，最后一钩必须试拉；转入到发线始发的，转线前须进行试拉；到发线上“坐编”列车时，最后一钩必须试拉。

（九）使用无线灯显设备调车的规定

1. 无线调车灯显设备正常使用时停用手信号，对灯显以外的作业指令采用通话方式；无线调车灯显设备发生故障时，改用手信号作业。使用无线调车灯显设备的相关规定、信号显示方式、显示含义及辅助语音按《铁路调车作业》标准的规定执行。

2. 调车作业中，当信号显示与语音提示、信号显示与作业要求不一致时，司机不得动车；推送作业中信号中断时，应立即停车。无线调车灯显设备电池不足报警时，司机不得动车，作业过程中应立即停车。

3. 无线调车灯显设备的机车控制器应与机车运行监控记录装置配合使用，固定调车机车、调度机车、小运转机车及担当调车作业的本务机车运行监控记录装置应满足与机车控制器相连接的条件，固定调车机车的机车控制器与机车运行监控记录装置固定连接，调度机车、小运转机车及担当调车作业的本务机车担当调车作业前，其机车控制器应与机车运行监控记录装置连接。便携机控器由车站作业人员负责安置在司机指定的位置，与机车运行监控记录装置的连接与撤除工作由司机负责，在作业中需要变更机车运行方向时，由机车乘务员将便携机车控制器移置需要位置，并与机车运行监控记录装置连接。

（十）越出站界调车的规定

1. 越出站界调车时，双线区间正方向，必须区间（自动闭塞区间为第一闭塞分区）空闲；单线自动闭塞区间，闭塞系统必须在发车位置，第一闭塞分区空闲，经车站值班员口头准许并通知司机后，方可出站调车。

2. 单线半自动闭塞区间和双线反

方向出站调车时，须有停止基本闭塞法的调度命令，与邻站办理闭塞手续，并发给司机出站调车通知书。

3. 越出站界调车最远不得越过站界 700 m。

（十一）跟踪出站调车的规定

1. 跟踪出站调车，只准许在单线区间及双线正方向线路上办理，并须经列车调度员口头准许，取得邻站值班员的承认号码，发给司机跟踪调车通知书，在先发列车尾部越过预告、接近信号机或《站细》规定的间隔时间后，方可跟踪出站调车，但最远不得越出站界 500 m。

2. 遇下列情况，禁止跟踪出站调车：

（1）出站方向区间内有瞭望不良

的地形或有连续长大上坡道（站名表由铁路局公布）；

（2）先发列车需由区间返回，或挂有由区间返回的后部补机；

（3）一切电话中断；

（4）降雾、暴风雨雪时；

（5）前发列车为旅客列车、军用列车、专运列车及尾部挂有公务车的货物列车；

（6）无预告（接近）信号机或无预告标的车站，以及集中联锁的车站第一离去表示灯故障时；

（7）夜间或昼间天气不良时；

（8）站间距离在 5 km 及其以下的区间；站外 500 m 距离内有隧道的车站；

（9）出站方向有长大上坡道；

（10）调车机车往站外方向推进运

行时；

(11) 自动站间闭塞，闭塞系统设有“越站调车按钮”的，禁止使用“越站调车按钮”办理跟踪出站调车；

(12) 进入区间岔线的列车或在区间内装卸作业，禁止按跟踪调车办理。

六、开行路用列车和轨道车的规定

(一) 施工期间（含集中综合维修，以下同）路用列车和轨道车开行相关规定

1. 施工期间的路用列车、轨道车必须凭日（班）计划下达的轨道车运行计划和 TDCS 下达的时间开行（含中间站折返）。

2. 轨道车临时区间运行时，必须

由列车调度员下达临时加开列车的调度命令，无书面命令时，禁止开行路用列车或轨道车。

（二）轨道车始发站的相关规定

1. 轨道车必须确保“三大件”作用良好，并纳入日（班）计划。轨道车始发站值班员应根据日（班）计划规定的轨道车车号、司机，核对无误后，方能向列车调度员申请轨道车运行计划。

2. 遇事故救援、抢险救灾等需临时开行轨道车的情况，三大件的确认，由轨道车司机通过有录音功能的无线列车通信设备向始发站车站值班员通报，车站值班员接到司机通报后，方能向列车调度员申请轨道车开行计划。如通信设备无录音装置，司机应到始发站运转室提供书面凭证（明确轨道车号、司机姓名、三大件作用良好）后，车站值班员方能向列车调度员申请轨道车的开行命令和开行计划。

（三）工务进行大机捣固施工时，其路用列车相关规定

大型养路机械车辆施工作业时可整列自行运行，按照路用列车办理；在区间施工时必须整列进、出车站。根据大机连续作业的特点，跨越站界施工时，在封锁线路（封锁区段内）移动，可不受进、出站信号（凭证）的限制。施工完毕由大型养路机械施工负责人确认整列（全部车辆）进入指定线路内，并与有关（配合）单位共同确认具备线路开通条件后，方可办理开通手续。

（四）向封锁区间开行两列及其以上的路用列车时的安全卡控

1. 当两端车站向同一区间开行路用列车时，施工单位须向两端车站一并派驻驻站联络员。禁止两列相对方向同时动车，必须等一端的路用列车到达指定地点停妥并已设好防护、经现场施工负责人通知驻站联络员签认后，相对方向的车站方可开行另一列路用列车。

2. 同一区间、同一方向需开行两列及其以上路用列车时，必须等前一列路用列车到达指定地点并已设好防护、经施工负责人（或驻站联络员）签认后，方可开行次一列路用列车。

3. 路用列车由区间返回车站时，车站应开放进站信号或按引导办法接车，待路用列车全部返回车站，由施工负责人（或驻站联络员）确认区间已空闲，并经签认后，车站值班员（两端开行时由两端车站的车站值班员）再次确认区间空闲后再办理开通手续。

4. 路用列车的开行方式须在施工前的协调会上明确。

5. 施工负责人（或驻站联络员）签认路用列车到达指定地点并已设好防护，以及由区间返回确认区间空闲的签认均在《行车设备施工登记簿》上办理。

七、车站工作统计

（一）现在车分类

1. 现在车按产权所属分为：部属铁路货车、企业自备货车及内用货车、外国铁路货车。

2. 现在车按运用状况分为运用车

和非运用车。

（1）运用车：指参加铁路营业运输的部属铁路货车、企业自备货车、外国铁路货车，内用货车、企业租用、军方特殊用途重车。运用车分为重车和空车。

（2）非运用车：是指不参加铁路营业运输的部属货车（包括租出空车）、企业自备车内用检修车和在专用线、专用铁路内的已获得“过轨运输许可证”的企业自备货车、在站装卸作业的企业自备空车、在本企业内的内用空车、军方特殊用途空车以及部属特殊用途车。

（二）货车停留时间的计算

1. 货车停留时间按作业性质分为：货物停留作业时间、中转停留时间。

2. 货物作业停留时间：为运用车在站线（包括区间）及专用线（包括路产专用线）内进行装卸、到装作业所停留的时间。

3. 中转停留时间：为货车在车站进行解体、改编、中转技术作业及其他中转作业（包括变更到站、装载整理、专为加冰及洗罐消毒的货车，按规定进行洗罐的罐车除外）所停留的时间。计算中转停留时间的货车应为本站计算出入的货车。

（三）不计算装卸车数和作业次数的货车

1. 各种非运用车的装卸（按一般货运手续办理的装车应转为运用车）；

2. 变更到站的重车；

3. 不论是否摘下而进行货物装载

整理的货车；

4. 在本企业专用线内或不经过铁路营业线的两个企业间搬运货物的装卸。

（四）调车作业进入区间装卸及区间装卸作业统计

凡随同货物列车（包括小运转列车，下同）以外的车次进入区间；或以货物列车进入区间，在两个营业站之间装卸后原方向返回时，均视为调车作业进入区间装卸。

区间装卸作业统计：在区间内正线进行货物装卸作业的货车，由办理货运手续站统计装卸车数和货物作业停留时间，非办理货运手续站的货车出入及其停留按中转车统计。在非营业站内的装卸视同区间装卸。

（五）列车编组顺序表（运统1）填记方法

1. 编组站名：填记列车始发站名。列车在分界站或运行途中的编组站、区段站更换本表时，表头仍应填记原编组始发站名。

2. 年、月、日、时、分：按日历日填记列车计划发车时间。

3. 列车车次：填记实际开行车次。

4. 自首尾：不用的字抹消。

5. 制表者、检查者：签字（代号）或盖章。

6. 车种栏：填记货车基本记号及辅助记号。

7. 自重及换长栏：车辆的自重及换长，根据《技规》中的“机车重量及长度表”、“车辆重量及长度表”的规定计算。无规定时在本栏填写车体标记的自重及换长。

载重栏中如为代客重车每辆按 10 t 填记；如为重客车按客车车体外部标记载重填记。

（六）号码制货车停留时间登记簿（运统 8）

“号码制货车停留时间登记簿”是车站用以逐车统计货车停留时间，以及使用“非号码制货车停留时间登记簿（运统 9）”的车站用以统计货物作业车的作业过程，作为编制“货车停留时间报表（运报—4）”的资料。

（七）非号码制货车停留时间登记簿（运统 9）

“非号码制货车停留时间登记簿”

是车站用以按阶段（小时）统计货物作业停留时间及中转停留时间，作为编制“货车停留时间报表（运报—4）”的资料。

（八）列车票据交接

列车票据必须加封后实行相互签名交接。加封应牢靠；签名应有车站(或列车车次)、职名、姓名、日期。票据交接应使用专用的“列车票据交接簿”。

车站人员与司机办理票据交接地点规定为机车下。

（1）始发列车的票据交接：

始发列车的票据交接由车站车号员（或车站指定的人员）将列车票据及列车编组顺序表 1 份（需要时也可放入多份）加封良好后，与司机办理交接。

列车编组顺序表应另交司机 1 份（需要时也可交多份）。

（2）中间站更换机车或乘务员的票据交接：

①中间站更换机车，由接车人员接下到达票据转交接乘司机。到达司机与接乘司机见面交接时，列车票据由司机间相互办理交接。

②中间站更换乘务员，由到达司机与继乘司机交接。

（3）中间站甩挂车辆时票据交接：

①车站人员到司机处领取票据（办理交接），破封取出有关票据。作业完后（挂车时，加挂车票据及修改后的列车编组顺序表必须放入）重新加封与司机办理交接。列车编组顺序表应另交司机 1 份。

②只甩不挂的不再重新编制列车编

组顺序表，只在原表中划掉甩下车辆和修改相关数据即可。又甩又挂的，甩挂站必须重新编制列车编组顺序表。

③中间站甩车发现的问题，由车站按规定处理。需编制记录时，由车站编制并在 2 h 内电报通知编挂站并抄知发、到站及有关铁路局。票据不符时应予以更正，并电告票据加封站，追查责任。

（4）列车到达的票据交接：

①列车到达后，车号员（或车站指定的人员）应立即到机车下与司机办理票据交接，不得影响机车入库。入库条件完全具备后仍无人领取时，司机可将票据带回机务段交值班员处理。

②车站接收列车中发现的问题，由车站按现行规定进行处理。

（5）向司机交递票据人员，与司机办妥交接后，应用无线电话（或其他方式）通知发车人员；发车人员得到“票据交妥”的通知后，方可发车。

八、列尾装置作业

1. 中间站始发列车，尾部主机的安装由车站人员负责。

（1）发车站人员持尾部主机钥匙到机车处接下尾部主机。

（2）试风前将尾部主机安装在最后一辆车后端并锁固。（无列检作业时）接通尾部主机风管，打开折角塞门。

（3）司机使用查询按钮，并在试风过程中完成对列车主管贯通、尾部风压达标和列尾装置作用正常的确认（确认方法同前）。

（4）司机发现尾部反馈的风压和

机车风表严重不符或机车风表已达500 kPa而长时间收不到“缓解风压值”语音，查询不到尾部主机反馈的风压信息时，应通知车站发车人员检查处理。尾部主机风管与车辆软管接口泄漏超限时由连接主机风管人员负责处理。

2. 列车运行途中更换机车：

（1）退乘机车司机摘钩前必须对列车减压制动后使用司机控制盒或 CIR 系统上车号消除按钮将尾部主机中的本机车号销除，销除后并用查询按钮检查确认。退乘司机忘记销号时，由车站人员采用人工销号的方法销除主机中的机车号。

（2）接乘机车司机挂头充风缓解后，当听到“要输号的机车请输号”时，使用司机控制盒或 CIR 系统上输号键输入本机车的机车号，并可用查询按钮确认输入正确。

（3）列车第一次缓解后，司机须进行一次无线遥控排风试验。发车前，发车人员按规定试风。

（4）司机使用查询按钮，并在试风过程中完成对列车主管贯通、尾部风压达标和列尾装置作用正常的确认（确认方法同前）。

（5）试风完毕，发车条件具备，即可按规定发车。

（6）司机发现尾部反馈的风压和机车风表严重不符或机车风表已达500 kPa而长时间收不到“缓解风压值”语音，查询不到尾部主机反馈的风压信息时，应通知车站发车人员检查处理。

3. 列车在中间站合并运行：

（1）合并后本务机车与“尾部主机”仍保持“一对一”的对应关系时（即本务机车和列车尾部不变），车站人员将列车中部的尾部主机取下，接通车辆间风管，打开折角塞门。打开尾部主机电池仓盖，断开电池接头，关上主机电池仓盖。以后按“途中更换机车”办法（3）、（4）、（5）、（6）项的规定办理。取下的尾部主机按回送主机办理。

（2）合并后本务机车与尾部主机已不对应时，由车站人员将与合并后本务机车对应的尾部主机换挂到最后一辆车后端形成“一对一”的对应关系，接通主机风管，打开折角塞门。再按“途中更换机车”办法（3）、（4）、（5）、（6）项的规定办理。摘下多余的尾部主机和列车中间车辆软管、折角塞门的处理均按（1）项的规定办理。

（3）合并后尾部主机虽与本务机车仍保持对应关系，但主机故障时，按2项的作业办法办理，但需由车站人员对良好主机进行人工销号后，由司机采用无线遥控输号的方法输入机车号。

复习思考题

1. 单机挂车时，应遵守哪些规定?

2. 哪些机车车辆禁止编入列车?

3. 关门车编入列车的规定是什么?

4. 对站内无空闲线路接车有哪些规定?

5. 发车条件完全具备是指哪些?

6. 接发列车人员迎送列车立岗位置及出务、离去时机是如何规定的?

7. 无运转车长时发车办法是如何规定的?

8. 有运转车长时发车办法是如何规定的?

9. 简述接发列车时的规定。

第二部分

作业程序及标准

一、单双线半自动闭塞集中联锁（设信号员）接发列车作业

1. 接车（通过）

（1）作业程序

①“承认闭塞（接受预告）”包含“确认区间空闲、办理闭塞手续（接受发车预告）”。

②“开放信号”包含“听取开车通知、确认接车线、开放信号”。

③“接车”包含“列车接近、接送列车”。

④“列车到达（通过）”包含“列车到达（通过）、开通区间、报点”。

（2）作业标准

①办理闭塞手续时，得到车站值班员“×（次）×道停车（通过或到开）”的通知后，复诵“×（次）×道

停车（通过或到开）”，并填写占线板（簿）。

②听取开车通知时，得到车站值班员“×（次）开过来（了）”的通知后，应复诵：“×（次）开过来（了）”。

③列车接近时，得到车站值班员“×（次）接近，×道接车”的通知后，复诵：“×（次）接近，×道接车”。

④接送列车时，到《站细》规定地点接车。接通过列车时，眼看、手指出站信号，确认信号开放正确，口呼：“×道出站信号好（了）”。

⑤列车到达（通过）时，监视列车进站，于列车停妥后返回。通过列车，于列车尾部越过接车地点，确认列车尾部标志（有运转车长值乘的列车，按规定向运转车长显示互检信号）后返回。对通过列车擦（划）掉占线板

（簿）记载。

2. 发车作业

（1）作业程序

①“请求闭塞（发车预告）”包含“确认区间空闲、办理闭塞手续（接受发车预告）”。

②“开放信号”包含“开放信号”。

③“发车”包含“准备发车、确认发车条件、（指示）发车”。

④“列车出发”包含“监视列车、报点、接受到达通知”。

（2）作业标准

①准备发车时，当得到车站值班员“×（次）×道发车”的通知后，应复诵：“×（次）×道发车。”

②确认发车条件时，发车前，眼看、手指出站信号，确认开放正确，

口呼："×道出站信号好（了）"，并确认旅客上下、行包装卸和列检作业完了。

③（指示）发车时，按规定站在适当地点，显示发车信号或向运转车长显示发车指示信号并依式中转发车信号（使用发车表示器发车时除外）。

④监视列车时，于列车尾部越过发车地点，确认列车尾部标志（有运转车长值乘的列车，按规定向运转车长显示互检信号）后返回。擦（划）掉占线板（簿）记载。

二、单双线半自动闭塞集中联锁（未设信号员）

1. 接车（通过）

（1）作业程序

①"承认闭塞（接受预告）"包含

“确认区间空闲、办理闭塞手续（接受发车预告）”。

②“开放信号”包含“听取开车通知、确认接车线、开放信号”。

③“接车”包含“列车接近、接送列车”。

④“列车到达（通过）”包含“列车到达（通过）、开通区间、报点”。

（2）作业标准

①办理闭塞手续（接受发车预告）时，当确认闭塞表示灯点亮绿色灯光，听见车站值班员口呼“×（次）闭塞好（了）”后，应答：“×（次）闭塞好（了）。”

②办理闭塞手续（接受发车预告）时，当得到车站值班员“×（次）×道停车（通过或到开）”的通知后，应复诵：“×（次）×道停车（通过或到

开)”，并填写占线板（簿)。

③听取开车通知时，当得到车站值班员“×（次）开过来（了)”的通知后，应复诵:“×（次）开过来（了)。”

④开放信号时，当听到车站值班员口呼“信号好（了)”后，通过控制台确认信号正确，应答:“×道进站信号好（了)。”通过时，确认信号正确，应答:“×道进、出站信号好（了)。”

⑤列车接近时，当得到车站值班员“×（次）接近，×道接车”的指示后，应通过控制台再次确认信号正确，复诵:“×（次）接近，×道接车。”

⑥接送列车时，到《站细》规定地点接车。接通过列车时，眼看、手指出站信号，确认信号开放正确，口呼:“×道出站信号好（了)。”并监视列车进站，于列车停妥后返回。通过列车，

于列车尾部越过接车地点，确认列车尾部标志（有运转车长值乘的列车，按规定向运转车长显示互检信号）后返回。对通过列车擦（划）掉占线板（簿）记载。

2. 发车

（1）作业程序

①“请求闭塞（发车预告）”包含“确认区间空闲、办理闭塞手续（接受发车预告）”。

②“开放信号”包含“开放信号”。

③“发车”包含“准备发车、确认发车条件、（指示）发车”。

④“列车出发”包含“监视列车、报点、接受到达通知”。

（2）作业标准

①办理闭塞手续（接受发车预

告）”时，当听到车站值班员口呼“×（次）闭塞好（了）”后，应答：“×（次）闭塞好（了）。”

②开放信号时，听到车站值班员口呼“信号好（了）”后，通过控制台确认信号正确，应答：“×道出站信号好（了）。”

③准备发车时，当得到车站值班员“×（次）×道发车”的指令后，应复诵：“×（次）×道发车。”

④确认发车条件时，发车前，应眼看、手指出站信号，确认开放正确，口呼：“×道出站信号好（了）”，并确认旅客上下、行包装卸和列检作业完了。

⑤发车时，按规定站在适当地点，显示发车信号或向运转车长显示发车指示信号并依式中转发车信号（使用发车表示器发车时除外）。

⑥监视列车时，于列车尾部越过发车地点，确认列车尾部标志（有运转车长值乘的列车，按规定向运转车长显示互检信号）后返回。擦（划）掉占线板（簿）记载。

三、单线自动闭塞集中联锁（设信号员）接发列车作业

1. 接车（通过）

（1）作业程序

①“接受预告”包含“接受发车预告、准备接车”。

②“开放信号”包含“确认接车线、开放信号”。

③“接车”包含“列车接近、接送列车”。

④“列车到达（通过）”包含“列车到达（通过）、报点”。

（2）作业标准

①开放信号时，得到车站值班员“×（次）开过来（了），×道停车（通过或到开）”的通知后，应复诵“×（次）开过来（了），×道停车（通过或到开）”，并填记占线板（簿）。

②接车时，得到车站值班员“×（次）接近，×道接车”的通知后，应复诵：“×（次）接近，×道接车。”

③接送列车时，到《站细》规定地点接车。接通过列车时，眼看、手指出站信号，确认信号开放正确，口呼：“×道出站信号好（了）。”

④列车到达时，监视列车进站，于列车停妥后返回。通过列车，于列车尾部越过接车地点，确认列车尾部标志（有运转车长值乘的列车，按规定向运转车长显示互检信号）后返回。对通

过列车擦（划）掉占线板（簿）记载。

2. 发车作业

（1）作业程序

①“发车预告”包含“发车预告”。

②“开放信号”包含“开放信号”。

③“发车”包含“准备发车、确认发车条件、（指示）发车”。

④“列车出发”包含“监视列车、报点”。

（2）作业标准

①准备发车时，当得到车站值班员“×（次）×道发车”的通知后，助理值班员应复诵：“×（次）×道发车。”

②确认发车条件时，发车前，眼看、手指出站信号，确认开放正确，口呼“×道出站信号好（了）”，并确认

旅客上下、行包装卸和列检作业完了。

③（指示）发车时，按规定站在适当地点，显示发车信号或向运转车长显示发车指示信号并依式中转发车信号（使用发车表示器发车时除外）。

④监视列车时，于列车尾部越过发车地点，确认列车尾部标志（有运转车长值乘的列车，按规定向运转车长显示互检信号）后返回。对通过列车擦（划）掉占线板（簿）记载。

四、单线自动闭塞集中联锁（未设信号员）

1. 接车（通过）

（1）作业程序

①“接受预告”包含“接受发车预告、准备接车”。

②“开放信号”包含“确认接车

线、开放信号”。

③“接车”包含“列车接近、接送列车”。

④“列车到达（通过）”包含“列车到达（通过）、报点”。

（2）作业标准

①确认接车线时，得到车站值班员“×（次）开过来（了），×道停车（通过或到开）”的通知后，应复诵：“×（次）开过来（了），×道停车（通过或到开）”，并填记占线板（簿）。

②开放信号时，得到车站值班员口呼“信号好（了）”后，应通过控制台确认信号正确，应答：“×道进站信号好（了）。”通过时，应答：“×道进、出站信号好（了）。”

③列车接近时，得到车站值班员“×（次）接近，×道接车”的通知

后，通过控制台再次确认信号正确，复诵：“×（次）接近，×道接车。”

④接送列车时，到《站细》规定地点接车。接通过列车时，眼看、手指出站信号，确认信号开放正确，口呼：“×道出站信号好（了）。”

⑤列车到达（通过）时，监视列车进站，于列车停妥后返回。通过列车，于列车尾部越过地点，确认列车尾部标志（有运转车长值乘的列车，按规定向运转车长显示互检信号）后返回。对通过列车擦（划）掉占线板（簿）记载。

2. 发车作业

（1）作业程序

①“发车预告”包含“发车预告”。

②“开放信号”包含“开放信

号”。

③“发车”包含“准备发车、确认发车条件、（指示）发车”。

④“列车出发”包含“监视列车、报点”。

（2）作业标准

①开放信号时，当得到车站值班员开放出站信号后口呼“信号好了”，助理值班员通过控制台确认信号正确，应答：“×道出站信号好（了）。”

②准备发车时，当得到车站值班员“×（次）×道发车”的通知后，助理值班员应复诵：“×（次）×道发车。”

③确认发车条件时，发车前，眼看、手指出站信号，确认开放正确，口呼“×道出站信号好（了）”，并确认旅客上下、行包装卸和列检作业

完了。

④（指示）发车时，按规定站在适当地点，显示发车信号或向运转车长显示发车指示信号并依式中转发车信号（使用发车表示器发车时除外）。

⑤监视列车时，于列车尾部越过发车地点，确认列车尾部标志（有运转车长值乘的列车，按规定向运转车长显示互检信号）后返回。对通过列车擦（划）掉占线板（簿）记载。

五、单双线电话闭塞无联锁

1. 接车（通过）

（1）作业程序

①“承认闭塞（接受预告）”包含“确认区间空闲、办理闭塞手续（接受发车预告）”。

②“开放信号”包含“听取开车

通知、确认接车线、开放信号”。

③“接车”包含“列车接近、接送列车”。

④“列车到达（通过）”包含“列车到达（通过）、开通区间、报点”。

（2）作业标准

①办理闭塞手续（接受发车预告）时，听见车站值班员口呼“×（次）闭塞（预告）好（了）”后，确认揭挂“区间占用”表示牌，应答：“×（次）闭塞（预告）好（了）。”

②办理闭塞手续（接受发车预告）时，当得到车站值班员“×号、×号，×（次）闭塞（预告），检查×道”的通知后，应复诵“×（次）闭塞（预告），检查×道”，并现场检查。向车站值班员报告“×道空闲”，并填写占线板（簿）。

③听取开车通知时，当得到车站值班员“×号、×号，×（次）开过来（了）”的通知后，应复诵：“×（次）开过来（了）。”

④列车接近时，当得到车站值班员“×号、×号，×（次）接近，×道接车”的通知后，应复诵：“×（次）接近，×道接车。”

⑤接送列车时，再次确认接车线路空闲，到《站细》规定地点接车。监视列车进站，收回占用区间凭证，列车停妥后返回。通过列车，于列车头部进入接车线前，显示通过手信号，接递占用区间凭证，列车头部越过接车地点，收回通过手信号，于列车尾部越过接车地点，确认尾部标志，按规定显示互检信号后返回。

⑥列车到达（通过）时，对通过

列车，擦（划）掉占线板（簿）记载。

⑦将收回的路票交车站值班员。

2. 发车

（1）作业程序

①“请求闭塞（发车预告）”包含“确认区间空闲、办理闭塞手续（接受发车预告）”。

②“准备发车”包含“办理凭证”、“交付凭证”。

③“发车”包含“确认发车条件”（指示）发车。

④“列车出发”包含“监视列车”、“解锁进路”、“报点”、“接受到达通知”。

（2）作业标准

①办理闭塞手续（接受发车预告）时，当听到车站值班员口呼“×（次）闭塞（预告）好（了）”，并确认揭挂

“区间占用”表示牌，应答：“×（次）闭塞（预告）好（了）。”

②办理凭证时，车站值班员与助理值班员核对路票。助理值班员接到路票后与车站值班员核对路票。

③交付凭证作业程序中，当听到车站值班员“×（次）×道发车”时，应答：“×（次）×道发车。”

④与扳道员对道。

⑤与司机核对路票，确认正确后交付司机。

⑥确认发车条件时，确认旅客上下、行包装卸和列检作业完了。

⑦（指示）发车时，按规定站在适当地点，显示发车信号或向运转车长显示发车指示信号并应依式中转发车信号（使用列车无线调度通信设备发车时除外）。

⑧监视列车，于列车尾部越过发车地点，确认列车尾部标志，按规定显示互检信号后返回。

⑨报点时，擦（划）掉占线板（簿）记载。

六、单线自动站间闭塞集中联锁（设信号员）接发列车作业

1. 接车（通过）

(1) 作业程序

①“接受预告”包含“确认区间空闲、接受发车预告”。

②“开放信号”包含“听取开车通知、确认接车线、开放信号”。

③“接车”包含“列车接近、接送列车”。

④“列车到达（通过）”包含“列车到达（通过）、开通区间、报点”。

（2）作业标准

①接受预告时，得到车站值班员“×（次）×道停车（通过或到开）”的通知后，复诵“×（次）×道停车（通过或到开）”，并填写占线板（簿）。

②听取开车通知时，得到车站值班员“×（次）开过来（了）”的通知后，应复诵：“×（次）开过来（了）。”

③列车接近时，得到车站值班员“×（次）接近，×道接车”的通知后，复诵：“×（次）接近，×道接车。”

④接送列车时，到《站细》规定地点接车。接通过列车时，眼看、手指出站信号，确认信号开放正确，口呼：“×道出站信号好（了）。”

⑤列车到达（通过）时，监视列车进站，于列车停妥后返回。通过列车，于列车尾部越过接车地点，确认列车尾部标志（有运转车长值乘的列车，按规定向运转车长显示互检信号）后返回。对通过列车擦（划）掉占线板（簿）记载。

2. 发车作业

（1）作业程序

①“发车预告”包含“确认区间空闲、发车预告”。

②“开放信号”包含“开放信号”。

③“发车”包含“准备发车、确认发车条件、（指示）发车”。

④“列车出发”包含“监视列车、报点、接受到达通知”。

（2）作业标准

①准备发车时，当得到车站值班员“×（次）×道发车”的通知后，应复诵：“×（次）×道发车。”

②确认发车条件时，发车前，眼看、手指出站信号，确认开放正确，口呼“×道出站信号好（了）”，并确认旅客上下、行包装卸和列检作业完了。

③（指示）发车时，按规定站在适当地点，显示发车信号或向运转车长显示发车指示信号并依式中转发车信号（使用发车表示器发车时除外）。

④监视列车时，于列车尾部越过发车地点，确认列车尾部标志（有运转车长值乘的列车，按规定向运转车长显示互检信号）后返回。

⑤擦（划）掉占线板（簿）记载。

七、单线自动站间闭塞集中联锁（未设信号员）

1. 接车（通过）

（1）作业程序

①“接受预告”包含“确认区间空闲、接受发车预告”。

②“开放信号”包含“听取开车通知、确认接车线、开放信号”。

③“接车”包含“列车接近、接送列车”。

④“列车到达（通过）”包含“列车到达（通过）、开通区间、报点”。

（2）作业标准

①接受发车预告时，当得到车站值班员“×（次）×道停车（通过或到开）”的通知后，应复诵“×（次）×道停车（通过或到开）”，并填写占线

板（簿）。

②听取开车通知时，当得到车站值班员“×（次）开过来（了）”的通知后，应复诵：“×（次）开过来（了）。”

③开放信号时，当听到车站值班员口呼“信号好（了）”后，通过控制台确认信号正确，应答：“×道进站信号好（了）。”通过时，确认信号正确，应答：“×道进、出站信号好（了）。”

④列车接近时，当得到车站值班员“×（次）接近，×道接车”的指示后，应通过控制台再次确认信号正确，复诵：“×（次）接近，×道接车。”

⑤接送列车时，到《站细》规定地点接车。接通过列车时，眼看、手指出站信号，确认信号开放正确，口呼：“×道出站信号好（了）。”

⑥监视列车进站，于列车停妥后返

回。通过列车，于列车尾部越过接车地点，确认列车尾部标志（有运转车长值乘的列车，按规定向运转车长显示互检信号）后返回。

⑦列车到达（通过）时，对通过列车擦（划）掉占线板（簿）记载。

2. 发车

（1）作业程序

①“发车预告”包含“确认区间空闲、发车预告”。

②“开放信号”包含“开放信号”。

③“发车”包含“准备发车、确认发车条件、（指示）发车”。

④“列车出发”包含“监视列车、报点、接受到达通知”。

（2）作业标准

①开放信号时，听到车站值班员口呼“信号好（了）”后，通过控制台确

认信号正确，应答：“×道出站信号好(了)。”

②准备发车时，当得到车站值班员“(次) ×道发车”的指令后，应复诵：“×(次) ×道发车。”

③确认发车条件时，发车前，应眼看、手指出站信号，确认开放正确，口呼：“×道出站信号好(了)。”

④确认旅客上下、行包装卸和列检作业完了。

⑤发车时，按规定站在适当地点，显示发车信号或向运转车长显示发车指示信号并依式中转发车信号(使用发车表示器发车时除外)。

⑥监视列车时，于列车尾部越过发车地点，确认列车尾部标志(有运转车长值乘的列车，按规定向运转车长显示互检信号)后返回。

⑦报点时，擦（划）掉占线板（簿）记载。

八、中间站票据交接作业

（一）到达列车技术作业

1. 作业程序

①“接传确报”包含“接受确报”、“传递确报”。

②“接收列车”包含“准备接车、核对现车”。

③“接受票据”包含“核对票据、办理签收”。

④“到后处理”包含“订正确报、传递票据”。

2. 作业标准

①接受确报时，通过现车系统提取确报。

②准备接车时，根据 TDCS 系统显

示的阶段计划掌握列车到达时间和股道，按照助理值班员接车标准和出务时机立岗接车。

③核对现车时，依据列车确报（列车编组顺序表）逐辆核对现车，核对内容：顺序、吨位、车种、确定重长的辅助记号、罐车油种、车号、关门车、篷布、特殊标记、非运用车别，以及按规定车体标记计算的自重、换长，发现不符立即订正。

④核对票据时，按规定时间、地点接收运输票据，按照列车编组顺序表核对运输票据，核对内容：吨位、车种、车号、载重、到站、品名、收货人、篷布、特殊标记和运输限制条件等，发现不符立即订正。

⑤办理签收时，列车停车后，与司机在机车下办理编组和票据交接。

⑥订正确报时，对列车确报（列车编组顺序表）的订正内容，及时报告车站值班员，并在现车系统内进行修改。

⑦传递票据时，按规定将票据及时完整地交或传递到相关处所，办理交接签收。

（二）出发列车技术作业

1. 作业程序

①“票据管理”包含“分放票据、管理现车”。

②“列车编组顺序表的编制及交接”包含“制表准备、制表及复检、办理交接”。

③“检查现车”包含“核对现车、问题处理”。

④“传递确报”包含“报告简报、发出确报”。

2. 作业标准

①分放票据时，按照到达列车编组顺序表清点核对票据，根据调车作业计划，及时按股道、顺序分放票据。

②管理现车时，及时整理现在车有关资料，做到票据与现车一致。

③制表准备时，按照车站值班员要求，预算出发列车总重、计长。根据调车作业计划排好票据顺序。检查确认列车编组是否符合规定，发现问题及时报告车站值班员。

④制表及复检时，根据票据顺序和有关规定的要求，在规定时间内编制出发列车编组顺序表，做到填写齐全、字迹工整、计算正确、与票据一致。

⑤办理交接时，在机车下将列车编组顺序表和票据交出发列车司机，确认司机在站存列车编组顺序表上签收。

⑥核对现车时，按照出发编组顺序表核对出发列车，核对内容：顺序、车种、车号、罐车油种、篷布、关门车、特殊标记，做到列车编组顺序表与现车相符。

⑦问题处理时，对发现的问题及时汇报处理。

⑧报告简报，向车站值班员报告列车编组辆数、总重、计长。

⑨发出确报，通过现车系统将发出列车编组确报，并做好列车编组顺序表的指定存放。

复习思考题

1. 简述单双线半自动闭塞集中联锁（未设信号员）接车（通过）作业程序的规定。

2. 简述单线自动闭塞集中联锁（设信号员）接发列车作业程序中发车作业程序的规定。

3. 简述中间站票据交接作业中，到达列车技术作业程序的规定。

4. 简述中间站票据交接作业标准中，核对现车时的作业内容。

第三部分

常见故障及应急处理

本部分主要介绍几种非正常情况下接发列车作业。

一、进站信号机故障接车作业

1. 单双线半自动闭塞集中联锁

故障现象：

(1) 信号机故障不能正常开放进站信号，但可开放引导信号。

(2) 信号机故障不能正常开放进站信号，也不能开放引导信号。

故障处理：通知电务人员处理。

闭塞方式：半自动闭塞。

进路准备：

(1) 准备进路：排列接车进路，确认正确后取消接车进路。

(2) 确认进路：使用接通光带按钮检查接车进路上道岔开通位置正确。

(3) 锁闭进路：以引导信号开放

后的进路白色光带锁闭。

接车方式：

(1) 按压引导按钮，开放引导信号。

(2) 不能开放引导信号时，派引导员到进站信号机外适当地点显示引导手信号。

开通区间：确认列车整列到达或通过后，方可开通区间。

注意事项：

(1) 使用列车无线调度通信设备（其通信记录装置作用良好时），向司机直接发布或由车站值班员转达引导接车的原因及调度命令号码。

(2) 不能正常复原时，相邻两站共同确认区间空闲并取得调度命令后办理区间故障复原。

2. 装有半自动的单线计轴自动闭塞集中联锁

故障现象：

（1）进站信号机不能正常开放进站信号，但可开放引导信号。

（2）进站信号机不能正常开放进站信号，也不能开放引导信号。

故障处理：通知电务人员处理。

闭塞方式：计轴自动闭塞。

进路准备：

（1）准备进路：排列接车进路，确认正确后取消接车进路。

（2）确认进路：使用接通光带按钮检查接车进路上道岔开通位置正确。

（3）锁闭进路：以引导信号开放后的进路白色光带锁闭。

接车方式：

（1）按压引导按钮，开放引导信号。

（2）不能开放引导信号时，派引导员到进站信号机外适当地点显示引导手信号。

注意事项：

使用列车无线调度通信设备（其通信记录装置作用良好时），向司机直接发布或由车站值班员转达引导接车的原因及调度命令号码。

二、出站信号机故障发车作业

1. 单双线半自动闭塞集中联锁

故障现象：出站信号机不能开放出站信号。

故障处理：通知电务人员处理。

闭塞方式：电话闭塞。

确认区间空闲请求闭塞：

根据《行车日志》、闭塞表示灯及各种行车表示牌确认。

进路准备：

（1）准备进路：排列发车进路。

（2）锁闭进路：发车进路白色光带锁闭。

（3）确认进路：通过进路白色光带确认。

行车凭证：路票。

注意事项：

须向司机、运转车长交递停止基本闭塞改电话闭塞办理行车的调度命令。

2. 装有半自动的单线计轴自动闭塞集中联锁

故障现象：出站信号机不能正常开放出站信号。

故障处理：通知电务人员处理。

闭塞方式：计轴自动闭塞。

进路准备：

（1）准备进路：先按下越站调车按钮控制发车方向，再排列发车进路。

（2）锁闭进路：发车进路白色光

带锁闭。

(3) 确认进路：通过进路白色光带确认。

行车凭证：绿色许可证。

注意事项：

(1) 办理特快旅客列车通过时，须第一、二离去区段均空闲。

(2) 办理其他列车时，仅需第一离去区段空闲。

(3) 在填发绿色许可证前，须取得对方站确认区间内无迎面列车的电话记录。

三、进站信号机内方第一轨道电路区段出现红光带接车作业

1. 单双线半自动闭塞集中联锁

故障现象：进站信号机内方第一轨道电路区段出现红光带。

故障处理：

（1）车站派人现场检查。

（2）通知电务、工务人员处理。

①电务处理故障未完，须得到工务确定的放行列车条件通知并在《行车设备检查登记簿》内销记后，方可按非正常情况接车。

②虽未得到工务确定的放行列车条件通知，但红光带消失，电务处理故障完毕并在《行车设备检查登记簿》内销记，车站应立即恢复正常行车。

闭塞方式：半自动闭塞（若接车前已停基改电时，应为电话闭塞）。

进路准备：

（1）准备进路：排列调车进路，确认正确后取消调车进路（不能以排列调车进路方式操纵的道岔单操并单锁）。

（2）确认进路：使用接通光带按钮检查接车进路上道岔开通位置正确。

（3）锁闭进路：以引导信号开放后的进路白色光带锁闭。

接车方式：按压引导按钮，开放引导信号。

（1）继电联锁6502控制台，须一直按压引导按钮，待确认列车头部越过进站信号机后方可松手。

（2）计算机联锁每隔×秒（按各站实际需要）须再次点压引导按钮，否则引导信号将关闭。

开通区间：现场确认列车整列到达或通过后，方可开通区间。

注意事项：

不能正常复原时，相邻两站共同确认区间空闲并取得调度命令后办理区间。

2. 装有半自动的单线计轴自动闭塞集中联锁

故障现象：进站信号机内方第一轨道电路区段出现红光带。

故障处理：

（1）车站派人现场检查。

（2）通知电务、工务人员处理。

①电务处理故障未完，须得到工务确定的放行列车条件通知并在《行车设备检查登记簿》内销记后，方可按非正常情况接车。

②虽未得到工务确定的放行列车条件通知，但红光带消失，电务处理故障完毕并在《行车设备检查登记簿》内销记，车站应立即恢复正常行车。

闭塞方式：计轴自动闭塞。

进路准备：

（1）准备进路：排列调车进路，确

认正确后取消调车进路（不能以排列调车进路方式操纵的道岔单操并单锁）。

（2）确认进路：使用接通光带按钮检查接车进路上道岔开通位置正确。

（3）锁闭进路：以引导信号开放后的进路白色光带锁闭。

接车方式：按压引导按钮，开放引导信号。

（1）继电联锁6502控制台，须一直按下引导按钮，待确认列车头部越过进站信号机后方可松手。

（2）计算机联锁每隔×秒（按各站实际要求）须再次点压引导按钮，否则引导信号将关闭。

列车到达：须现场确认列车整列到达或通过。

注意事项：

使用列车无线调度通信设备（其

通信记录装置作用良好时)，向司机直接发布或由车站值班员转达引导接车的原因及调度命令号码。

四、进站信号机内方第一轨道电路区段出现红光带发车作业

1. 单双线半自动闭塞集中联锁

故障现象：进站信号机内方第一轨道电路区段出现红光带。

故障处理：

（1）车站派人现场检查。

（2）通知电务、工务人员处理。

①电务处理故障未完，须得到工务确定的放行列车条件通知并在《行车设备检查登记簿》内销记后，方可按非正常情况发车。

②虽未得到工务确定的放行列车条件通知，但红光带消失，电务处理故障

完毕并在《行车设备检查登记簿》内销记，车站应立即恢复正常行车。

闭塞方式：电话闭塞。

确认区间空闲，请求闭塞：根据《行车日志》、闭塞表示灯及各种行车表示牌确认。

进路准备：

（1）准备进路：排列调车进路（不能以排列调车进路方式操纵的道岔单操并单锁）。

（2）锁闭进路：调车进路白色光带锁闭（单操的道岔单锁）。

（3）确认进路：通过调车进路白色光带（使用接通光带按钮）检查发车进路上道岔开通位置正确。

行车凭证：路票。

注意事项：

须向司机、运转车长交递停止基本

闭塞改电话闭塞办理行车的调度命令。

2. 装有半自动的单线计轴自动闭塞集中联锁

故障现象：进站信号机内方第一轨道电路区段出现红光带。

故障处理：

（1）车站派人现场检查。

（2）通知电务、工务人员处理。

①电务处理故障未完，须得到工务确定的放行列车条件通知并在《行车设备检查登记簿》内销记后，方可按非正常情况发车。

②虽未得到工务确定的放行列车条件通知，但红光带消失，电务处理故障完毕并在《行车设备检查登记簿》内销记，车站应立即恢复正常行车。

闭塞方式：计轴自动闭塞。

进路准备：

(1) 准备进路：先按下越站调车按钮控制发车方向，再排列调车进路（不能以排列调车进路方式操纵的道岔单操并单锁）。

(2) 锁闭进路：调车进路白色光带锁闭（单操的道岔单锁）。

(3) 确认进路：通过调车进路白色光带（使用接通光带按钮）检查发车进路上道岔开通位置正确。

行车凭证：绿色许可证。

注意事项：

(1) 办理特快旅客列车通过时，须第一、二离去区段均空闲。

(2) 办理其他列车时，仅需第一离去区段空闲。

(3) 在填发绿色许可证前，须取得对方站确认区间内无迎面列车的电话记录。

五、道岔区段轨道电路红光带接车作业

1. 单双线半自动闭塞集中联锁

故障现象：道岔区段轨道电路出现红光带。

故障处理：

(1) 车站派人现场检查。

(2) 通知电务、工务人员处理。

①电务处理故障未完，须得到工务确定的放行列车条件通知并在《行车设备检查登记簿》内销记后，方可按非正常情况接车。

②虽未得到工务确定的放行列车条件通知，但红光带消失，电务处理故障完毕并在《行车设备检查登记簿》内销记，车站应立即恢复正常行车。

闭塞方式：半自动闭塞（若接车

前已停基改电时，应为电话闭塞)。

进路准备：

(1) 准备进路：手摇故障道岔至接车进路位置；非故障道岔室内排列调车进路，确认正确后取消调车进路(不能以排列调车进路方式操纵的道岔单操并单锁)。

(2) 确认进路：室外现场确认故障道岔开通位置正确，室内使用接通光带按钮检查接车进路上非故障道岔开通位置正确。

(3) 锁闭进路：室外仅对故障道岔加勾锁器，室内利用引导信号开放后的进路白色光带锁闭。

接车方式：

(1) 故障道岔未现场摇动，按下引导按钮，开放引导信号。

(2) 故障道岔已现场摇动，须先

按下引导总锁闭按钮，再按下引导按钮，开放引导信号。

开通区间：现场确认列车整列到达或通过后，方可开通区间。

注意事项：

（1）对进路上的故障分动外锁闭道岔（不论对向、顺向），均应对密贴尖轨、斥离尖轨和可动心轨使用专用勾锁器加锁。

（2）不能正常复原时，相邻两站共同确认区间空闲并取得调度命令后办理区间故障复原。

2. 装有半自动的单线计轴自动闭塞集中联锁

故障现象：道岔区段轨道电路出现红光带。

故障处理：

（1）车站派人现场检查。

（2）通知电务、工务人员处理。

①电务处理故障未完，须得到工务确定的放行列车条件通知并在《行车设备检查登记簿》内销记后，方可按非正常情况接车。

②虽未得到工务确定的放行列车条件通知，但红光带消失，电务处理故障完毕并在《行车设备检查登记簿》内销记，车站应立即恢复正常行车。

闭塞方式：计轴自动闭塞。

进路准备：

（1）准备进路：手摇故障道岔至接车进路位置；非故障道岔室内排列调车进路，确认正确后取消调车进路（不能以排列调车进路方式操纵的道岔单操并单锁）。

（2）确认进路：室外现场确认故障道岔开通位置正确，室内使用接通光带按钮检查接车进路上非故障道岔开通位置正确。

(3) 锁闭进路：室外仅对故障道岔加勾锁器，室内利用引导信号开放后的进路白色光带锁闭。

接车方式：

(1) 故障道岔未现场摇动，按下引导按钮，开放引导信号。

(2) 故障道岔已现场摇动，须先按下引导总锁闭按钮，再按下引导按钮，开放引导信号。

列车到达：须现场确认列车整列到达或通过。

注意事项：

(1) 使用列车无线调度通信设备(其通信记录装置作用良好时)，向司机直接发布或由车站值班员转达引导接车的原因及调度命令号码。

(2) 对进路上的故障分动外锁闭道岔（不论对向、顺向)，均应对密贴尖轨、斥离尖轨和可动心轨使用专用勾锁器加锁。

六、道岔区段轨道电路红光带发车作业

1. 单双线半自动闭塞集中联锁

故障现象：道岔区段轨道电路出现红光带。

故障处理：

(1) 车站派人现场检查。

(2) 通知电务、工务人员处理。

①电务处理故障未完，须得到工务确定的放行列车条件通知并在《行车设备检查登记簿》内销记后，方可按非正常情况发车。

②虽未得到工务确定的放行列车条

件通知，但红光带消失，电务处理故障完毕并在《行车设备检查登记簿》内销记，车站应立即恢复正常行车。

闭塞方式：电话闭塞。

确认区间空闲，请求闭塞：根据《行车日志》、闭塞表示灯及各种行车表示牌确认。

进路准备：

(1) 准备进路：手摇故障道岔至发车进路位置；非故障道岔室内排列调车进路（不能以排列调车进路方式操纵的道岔单操并单锁）。

(2) 锁闭进路：室外仅对故障道岔加勾锁器，室内对进路上非故障道岔利用调车进路白色光带锁闭（单操的道岔单锁）。

(3) 确认进路：室外现场确认故障道岔开通位置正确，室内通过调车进路白色光带（使用接通光带按钮）检查发车进路上非故障道岔开通位置正确。

行车凭证：路票。

要道还道：交递路票前，发车人员须与扳道员先对道。

注意事项：

（1）须向司机、运转车长交递停止基本闭塞改电话闭塞办理行车的调度命令。

（2）对进路上的故障分动外锁闭道岔（不论对向、顺向），均应对密贴尖轨、斥离尖轨和可动心轨使用专用勾锁器加锁。

2. 装有半自动的单线计轴自动闭塞集中联锁

故障现象：道岔区段轨道电路出现红光带。

故障处理：

（1）车站派人现场检查。

（2）通知电务、工务人员处理。

①电务处理故障未完，须得到工务确定的放行列车条件通知并在《行车设备检查登记簿》内销记后，方可按非正常情况发车。

②虽未得到工务确定的放行列车条件通知，但红光带消失，电务处理故障完毕并在《行车设备检查登记簿》内销记，车站应立即恢复正常行车。

闭塞方式：计轴自动闭塞。

进路准备：

（1）准备进路：先按下越站调车按钮控制发车方向，手摇故障道岔至发车进路位置；非故障道岔室内排列调车进路（不能以排列调车进路方式操纵的道岔单操并单锁）。

（2）锁闭进路：室外仅对故障道岔加勾锁器，室内对进路上非故障道岔利用调车进路白色光带锁闭（单操的道岔单锁）。

（3）确认进路：室外现场确认故障道岔开通位置正确，室内通过调车进路白色光带（使用接通光带按钮）检查发车进路上非故障道岔开通位置正确。

行车凭证：绿色许可证。

要道还道：交递绿色许可证前，发车人员须与扳道员先对道。

注意事项：

（1）办理特快旅客列车通过时，须第一、二离去区段均空闲。

（2）办理其他列车时，仅需第一离去区段空闲。

（3）在填发绿色许可证前，须取

得对方站确认区间内无迎面列车的电话记录。

（4）对进路上的故障分动外锁闭道岔（不论对向、顺向），均应对密贴尖轨、斥离尖轨和可动心轨使用专用勾锁器加锁。

七、接近区段红光带发车作业

故障现象：区间无车，接近区段红光带。

故障处理：通知电务、工务人员处理。

（1）须得到工务确定的放行列车条件通知并在《行车设备检查登记簿》内销记，方可发车（不能及时销记时，双方共同做好记录，故障处理完毕后，补办登销记手续）。

（2）虽未得到工务确定的放行列

车条件通知，但红光带消失，电务处理故障完毕，并在《行车设备检查登记簿》内销记，车站应立即恢复正常行车。

闭塞方式：半自动闭塞。

确认区间空闲，请求闭塞：根据《行车日志》、闭塞表示灯及各种行车表示牌确认。

进路准备：排列发车进路，开放出站信号。

行车凭证：出站信号机显示的进行信号。

八、其他应急情况和非正常情况下应急情况的处理

1. 列车发生火灾、爆炸应急处理

（1）列车发生火灾、爆炸时，须立即停车（停车地点应尽量避开特大

桥梁、长大隧道等)。电气化区段，并应立即通知供电部门停电。

(2) 列车需要分隔甩车时，应根据风向及货物性质等情况而定。一般为先甩下列车后部的未着火车辆，再甩下着火车辆，然后将机次未着火车辆拉至安全地段。

对甩下的车辆，由车站值班员(在区间由司机、运转车长、车辆乘务员) 负责采取防溜措施。

2. 列车运行中发生车辆故障应急处理

(1) 发现客车车辆轮轴故障、车体下沉（倾斜)、车辆剧烈振动等危及行车安全的情况时，须立即采取停车措施。由司机、车辆乘务员检查，对抱闸车辆应关闭截断塞门，排除副风缸中的余风，确认安全无误后，方可继续运行；如车轮踏面损坏超过限度或车辆故障不能继续运行时，应甩车处理。

（2）列车调度员接到热轴报告后，应按热轴预报等级要求果断处理。必要时，立即安排停车检查（司机应采用常用制动，列车停车后由车辆乘务员负责检查，无车辆乘务员的由司机确认能否继续安全运行）或就近站甩车处理。

（3）遇客车安全监控系统报警或其他故障需要列车限速运行时，运转车长（无运转车长时为车辆乘务员）应使用列车无线调度通信设备通知司机，由司机报告车站值班员、列车调度员。

3. 一切电话中断时的行车

车站行车室内一切电话中断时，单线行车按书面联络法，双线行车按时间间隔法。列车进入区间的行车凭证均为红色许可证。

在自动闭塞区间，如闭塞设备作用良好时，列车运行仍按自动闭塞法行车，但车站与列车司机应以列车无线调度通信设备直接联系（说明车次及注意事项等）。如列车无线调度通信设备故障时，列车必须在车站停车联系。

单线按书面联络法行车时，下列车站可以优先发车：

(1) 已办妥闭塞而尚未发车的车站。

(2) 未办妥闭塞时：

①单线区间为开下行列车的车站；

②双线改为单线行车时，为该线原定发车方向的车站；

③同一线路同一方向运行的列车，有上下行两种车次时，铁路局规定优先发车的车站。

第一个列车的发车权为优先发车的

车站所有，如优先发车的车站没有待发列车时，应主动用红色许可证的通知书通知非优先发车的车站。非优先发车的车站，如有待发列车时，应在得到通知书以后方可发车。

第一个列车的发车站，在发车前应查明区间已空闲，并在红色许可证通知书上记明下一个列车的发车权。如为前文所规定的发车站发车时，持有行车凭证的列车，还应发给红色许可证的通知书；如无行车凭证，列车应持红色许可证开往邻站。以后开行的列车，均凭红色许可证的通知书上记明的发车权办理。

红色许可证的通知书，应采取最快的方法传送，优先方向车站如无开往区间的列车时，在确认区间空闲后，可使用重型轨道车或单机传送。

双线按时间间隔法行车时，只准发出正方向的列车。非自动闭塞区间发出第一个列车时，在发车前应查明区间已空闲。

一切电话中断后，连续发出同一方向的列车时，两列车的间隔时间，应按区间规定的运行时间另加 3 min，但不得少于 13 min。

一切电话中断时，禁止发出下列列车：

①在区间内停车工作的列车（救援列车除外）；

②开往区间岔线的列车；

③须由区间内返回的列车；

④挂有须由区间内返回后部补机的列车；

⑤列车无线调度通信设备故障的列车。

在一切电话中断时间内，如有封锁区间抢修施工或开通封锁区间时，由接到请求的车站值班员以书面通知封锁区间的相邻车站。

单线区间的车站，经以闭塞电话、列车调度电话或其他电话呼唤 5 min 无人应答时，由列车调度员查明该站及其相邻区间确无列车（包括单机、动车及重型轨道车）后，可发布调度命令，封锁相邻区间，按封锁区间办法向不应答站发出列车。该列车应在不应答站的进站信号机外停车，判明不应答原因及准备好进路后，再行进站。司机（运转车长）或车站值班员应将经过情况报告列车调度员。

4. 列车冒进信号时的处理

（1）列车冒进进站（进路）信号机停车后，对该列车不应再开放进站信号机，车站值班员确认接车条件具备后，派接车人员以调车手信号旗（灯）将列车领入站内。

(2) 列车冒进出站（进路）信号机（未设出站信号机为越过警冲标）时，应按下列规定办理：

①冒进出站（进路）信号机时，应按车站值班员的指示退回，待开放出站信号机后，方准列车开往区间；如不能退回，能开放出站信号时，凭开放的出站信号和调度命令（自动闭塞区间冒进进路信号机时，为开放的出站信号和绿色许可证）；不能开放出站信号时，自动站间闭塞、半自动闭塞区间，须停止基本闭塞法，改用电话闭塞法；双线自动闭塞区间准备好发车进路后，填发《绿色许可证》发车；单线自动闭塞区间，须先按下越站调车按钮

（控制发车方向）后，再填发《绿色许可证》发车。

按上述方式发车，不能以信号锁闭发车进路时，须确认发车进路正确后，以单独锁闭方式锁闭进路上的道岔。

②在使用电话闭塞的区间，原则上列车应根据车站值班员的指示退回。如无列车交会而发车进路又已准备妥当时，可不退回，发给规定的占用区间凭证后即可发车。

（3）因临时停电、轨道电路瞬间故障，使已开放的信号恢复定位而造成列车冒进信号时：

①列车冒进进站信号，车站值班员可派人向司机说明情况并签注原因后，在列车前方向司机显示引导手信号，将列车接入站内停车或通过。

②列车冒进出站信号，如进路未解

锁，列车不必退回，由车站发车人员向司机说明情况并签注原因后，重新发车，列车即可继续运行。

5. 行车设备故障处理及登销记

(1) 行车设备故障通知

①车站值班员发现或得知行车设备故障时，应立即在《行车设备检查登记簿》内登记（集中联锁车站（含区间）信号设备发生故障，车站值班员应同时破封按下“故障通知”按钮）。

②设备故障涉及多个部门时（停电、断轨、道岔故障、轨道电路故障等情况），车站值班员应同时通知涉及的所有部门。

③双线自动闭塞区段区间信号设备故障时，须同时通知电务、工务和供电部门。

④若设备故障涉及工务部门，须得

到工务部门确定的放行列车条件的通知后，铁路局调度所、车站方可放行列车（遇自动闭塞区间一架通过信号机显示停车信号及第一离去区段红光带按《技规》第250、251条规定执行）。

⑤控制台（包括计算机联锁、TDCS/CTC、驼峰控制系统、CIPS等信号设备终端）出现异常或报警时，使用人员须立即通知电务部门。

（2）行车设备故障的处理

①车站值班员将行车设备故障信息除告知列车调度员和相关部门值班人员外，对故障影响信号、联锁、闭塞设备使用的，应停止使用故障影响范围内的有关信号、联锁、闭塞设备，按非正常情况作业；当设备故障危及行车安全时，必须立即停止使用该设备及封锁有关线路。

②故障处理人员到达车站后应立即在车站《行车设备检查登记簿》内登记到达时间。遇区间设备故障，列车调度员安排故障处理人员直接到区间故障点处理（或故障发现人员直接在区间故障点处理）时，处理人员设置防护后应与车站取得联系，讲明故障情况，提出慢行或封锁条件，双方做好记录，故障处理完毕，处理人员必须到车站补办登销记手续。

③故障处理人员到达车站后，应向车站值班员（助理值班员或信号员）了解设备故障情况及查看故障现象，需要操纵设备时，必须经车站值班员同意，并确认有关线路上没有进行接发列车和调车作业后方可进行。如经试验、检查设备已恢复正常时，应直接在《行车设备检查登记簿》销记。

④故障处理人员确认故障现象后，登记故障设备停用时，应同时登记影响范围等内容，如危及行车安全需立即抢修时，应按有关要求办理。

⑤设备管理单位人员进行设备检查、养护过程中，发现行车设备故障（安全隐患）危及行车安全需立即进行抢修时，除按规定防护外，还应在车站《行车设备检查登记簿》内办理登销记（天窗修作业时直接处理除外），要按实际影响范围，根据《行车设备检查登记簿》格式要求填记设备停用（恢复）和线路、道岔等设备封锁（开通）的月、日、时、分。

⑥危及行车安全的行车设备故障抢修涉及其他单位时，主体单位（故障设备管理单位）在确认配合单位分别登销记后，方可办理封锁或开通手续。

6. 出站（发车进路）信号机发生故障时的处理

（1）出站信号机临时发生故障时，除按规定交递行车凭证外，同时应将信号机故障事由口头通知司机、运转车长，列车可在出站信号机关闭的情况下出发。

（2）对通过列车，如进站前来不及预告司机时，应按停车再开办理。

（3）自动闭塞区间未划分闭塞分区、自动站间闭塞、半自动闭塞的车站，发车进路信号机临时故障或停用不能开放时，车站值班员除确认发车进路正确外，还应发给司机发车进路信号机故障的书面通知。列车可越过一架或多架临时故障的进路信号机，列车占用区间的凭证仍为出站信号机显示的进行信号。

发车进路信号机故障通知书格式见

图 1。

第　号

<table><tr><td>因设备故障，准××次列车越过关闭的××、××号发车进路信号机，按次一信号机的显示运行。

××站　　　车站值班员×××（签名）
（站名印）　　　年　月　日</td></tr></table>

注：复写一式两份，司机一份，存根一份

90 mm×130 mm

图 1

（4）单线自动闭塞的车站，发车进路、出站信号机故障不能开放时，除按《技规》第 250 条第 28 表 2、5 项的规定办理外，如为出站信号机故障，还应按下越站调车按钮，再填发绿色许可证发车。

（5）自动闭塞区段，在出站信号机故障、由未设出站信号机的线路上、超长列车头部越过出站信号机并压上出站方面轨道电路等不能开放出站信号情况下，又遇第一离去区段故障需发出列车时，在发给司机绿色许可证的同时，还须发给司机监督器故障通知书。

监督器故障通知书格式见图2。

第　号

本站监督器故障，第×××次列车出站后以不超过20 km/h的速度运行到次一信号机，按其显示运行。 ××站　　车站值班员×××（签名） （站名印）　　年　月　日

注：复写一式两份，司机一份，存根一份

90 mm×130 mm

图2

九、《关于进一步明确车辆制动抱闸故障调查处理有关事项的通知》（辆电［2010］22号）附件

1. 制动抱闸故障定义

制动抱闸故障是由于制动机故障、人力制动机不缓解等原因造成的制动缓解不良、闸瓦不能与车轮踏面分离的铁路货车运用故障，其主要危害是擦伤车轮踏面，造成车轮踏面熔渣、辗堆。

2. 制动抱闸故障表象及判断方法

（1）车辆制动机处于缓解位时，制动缸活塞杆仍处于伸出状态，即制动缸未缓解，导致车辆所有闸瓦均紧贴车轮踏面，造成车轮踏面擦伤产生熔渣、辗堆，并伴有高温。

（2）车辆制动机处于缓解位时，制动缸活塞杆缩回，但人力制动装置仍

处于制动位，即人力手制动机闸链未松开，仍然拉紧前制动杠杆，致使基础制动装置仍处于制动状态，导致车辆所有闸瓦均紧贴车轮踏面，造成车轮踏面擦伤产生熔渣、辗堆，并伴有高温。

（3）铁路货车在运行过程中，特别是通过车站时，经常会发生制动调速现象，小减压量的空气制动会导致闸瓦瞬间贴靠车轮踏面即离开，但由于各车辆的制动机灵敏度、闸调器灵活性以及闸瓦厚度存在差异，可能会造成某些车辆的某些闸瓦离开车轮踏面时相对迟缓而产生火星，对上述现象不能简单认定为制动抱闸，可通知前方车站重点观察再进行判断。

复习思考题

1. 简述单双线半自动闭塞集中联

锁区段，出站信号机故障发车作业内容。

2. 简述单双线半自动闭塞集中联锁区段，道岔区段轨道电路红光带发车作业内容。

3. 列车冒进信号时如何处理？

4. 简述车辆制动抱闸故障表象及判断方法。